DIE MASSESCHULDEN

NACH DER

REICHSKONKURSORDNUNG

VON

DR. IUR. LUDWIG THEIN

LEIPZIG
VERLAG VON VEIT & COMP.
1913

Leipziger juristische Inauguraldissertation.

Druck von Metzger & Wittig in Leipzig.

MEINER LIEBEN TRUDE!

Inhalt.

Literaturverzeichnis.

Bayer, Theorie des Konkursprozesses nach gemeinem Recht. 4. Auflage. München 1868.

Bezold, Die Gesetzgebung des Deutschen Reichs mit Erläuterungen. 1. Teil, 2. Band, enthaltend Konkursordnung für das Deutsche Reich nebst dem Einführungsgesetz, erläutert von Freiherrn von Völderndorff. 2. Auflage. Erlangen 1884.

Breitling, Grundzüge des Konkursrechts und Konkursverfahrens. 2. Auflage (besorgt von Schöninger). Stuttgart 1908.

Busch, Zeitschrift für deutschen Zivilprozeß und das Verfahren der freiwilligen Gerichtsbarkeit, herausgegeben von Schulzenstein und Vierhaus. Berlin.

Dabelow, Ausführliche Entwicklung der Lehre vom Konkurse der Gläubiger. Halle 1801.

Düringer-Hachenburg, Das Handelsgesetzbuch vom 10. Mai 1897 (mit Ausschluß des Seerechts) auf der Grundlage des Bürgerlichen Gesetzbuchs. 2. Auflage, 3. Band, 1. Abteilung. Mannheim und Leipzig 1912.

Düringer-Jaeger-Könige, Leipziger Zeitschrift für Handels-, Konkurs- und Versicherungsrecht. München.

Vorläufiger Entwurf eines preußischen Gesetzes über Familienfideikommisse. Berlin 1903.

Entscheidungen des Reichsgerichts in Zivilsachen von den Mitgliedern des Gerichtshofes und der Reichsanwaltschaft. Leipzig.

Fitting, Das Reichs-Konkursrecht und Konkursverfahren. 3. Auflage. Berlin 1904.

Fuchs, Das Konkursverfahren. Marburg 1863.

von Gmelin, Die Ordnung der Gläubiger bei dem Gantprozesse nach dem römischen, teutschen und besonders Königl. württembergischen Recht. 5. Auflage. Stuttgart und Tübingen 1813.

Günther, Der Konkurs der Gläubiger nach gemeinem deutschen Recht. 2. Auflage. Leipzig 1852.

Hahn, Die gesamten Materialien zur Konkursordnung und dem Einführungsgesetze zu derselben vom 1. Februar 1877. Berlin 1881.

Hahn, Die Materialien zu den Reichsgesetzen. Band 7 (Novelle zur Konkursordnung vom 17. Mai 1898). Berlin 1898.

Hellmann, Lehrbuch des deutschen Konkursrechts. Berlin 1907.

Hullmann, Konkursordnung für das Deutsche Reich. Nördlingen 1879.
Jaeger, Kommentar zur Konkursordnung und den Einführungsgesetzen mit einem Anhang, enthaltend das Anfechtungsgesetz, Auszüge aus den Kostengesetzen, Ausführungsgesetze und Geschäftsordnungen. 3. und 4. Auflage seit 1907; 2. Band 1911 (2. Auflage, 1903—1904). Berlin.
Juristische Wochenschrift. Organ des deutschen Anwalt-Vereins. Berlin.
Kohler, Lehrbuch des Konkursrechts. Stuttgart 1891.
Kohler, Leitfaden des deutschen Konkursrechts. 2. Auflage. Stuttgart 1903.
Kuhr, Rangordnung der Massengläubiger, in Gruchots Beiträgen zur Erläuterung des preußischen Rechts durch Theorie und Praxis. 8. Jahrgang. Hamm 1864.
Lippmann, Die rechtliche Stellung des Konkursverwalters, in Jherings Jahrbüchern für Dogmatik des bürgerlichen Rechts. 41. Band, 2. Folge, V. Band. Jena 1900.
Mandry-Geib, Der zivilrechtliche Inhalt der Reichsgesetze. Freiburg, Leipzig und Tübingen 1898.
Mugdan-Falkmann, Die Rechtsprechung der Oberlandesgerichte auf dem Gebiete des Zivilrechts. Leipzig.
Pasquay, Die Rechtstellung der Gläubigerversammlung im Konkurse und ihre Befugnisse. In Goldschmids Zeitschrift für das gesamte Handelsrecht und Konkursrecht. 66. Band, 3. Folge, VII. Band. Stuttgart 1910.
Petersen-Kleinfeller, Konkursordnung für das Deutsche Reich nebst den Einführungsgesetzen. 4. Auflage (bearbeitet von Kleinfeller). Lahr 1900.
Reinhardt, Die Lehre vom Gant und Gantverfahren nach römischem, gemeinem und württembergischem Recht. Stuttgart 1819.
von Sarwey-Bossert, die Konkursordnung für das Deutsche Reich. 4. Auflage (bearbeitet von Bossert). Berlin 1901.
Schmid, Handbuch des gemeinen deutschen Zivilprozesses. 3. Teil. Kiel 1845.
Schmidt, Lehrbuch des preußischen Rechts und Prozesses mit Rücksicht auf die Reichsgesetzgebung, das gemeine Recht und den gemeinrechtlichen Prozeß, Supplement (enthaltend die neuen Justizgesetze, bearbeitet von Meves. Breslau 1881.
Schultze, Das deutsche Konkursrecht in seinen juristischen Grundlagen. Berlin 1880.
Schweppe, Das System des Konkurses der Gläubiger nach dem gemeinen in Deutschland geltenden Recht. 3. Auflage. Göttingen 1829.
Seuffert, Deutsches Konkursprozeßrecht. Leipzig 1899.
Seust, Die Verwaltung von Konkursen nach der Reichs-Konkursordnung. 6. Auflage. Berlin 1910.
Sohm, Der Gegenstand, ein Grundbegriff des Bürgerlichen Gesetzbuchs. Leipzig 1905.
Stieglitz, Die Konkursordnung für das Deutsche Reich nebst dem Einführungsgesetze und dem württembergischen Ausführungsgesetze. Tübingen 1879.

STOBBE, Zur Geschichte des älteren deutschen Konkursprozesses. Berlin 1888.
Übersicht und Prüfung der Gesetze über die Ordnung der Gläubiger bei dem Gantprozesse. Stuttgart 1821.
VON VANGEROW, Lehrbuch der Pandekten. 3. Band, 7. Auflage. Marburg und Leipzig 1869.
WENGLER, Die Konkursordnung für das Deutsche Reich. Leipzig 1879.
WILLENBÜCHER, Die Konkursordnung nebst Anfechtungsgesetz. 3. Auflage (bearbeitet von GÜNTHER). Berlin 1909.
VON WILMOWSKI-KURLBAUM-KÜHNE, Deutsche Reichskonkursordnung. 6. Auflage. Berlin 1906.
WOLFF, Die Massegläubiger im Konkurse. In BUSCHS Zeitschrift für den deutschen Zivilprozeß, Band 22. Berlin 1896.
(Im Text zitiert: WOLFF.)
WOLFF, Kommentar zur Konkursordnung. Berlin 1900.
(Im Text zitiert: WOLFF, KO.)

Bemerkung.

Die Abkürzungen sind die üblichen. Fehlt bei einem Paragraphen die Angabe des Gesetzes, so ist KO. zu ergänzen.

Geschichtliche Einleitung.

Der Ausdruck „Masseschulden“ im Sinne der Konkursordnung vom 10. Februar 1877 ist neueren Datums. Er war dem römischen Recht und der älteren gemeinrechtlichen Doktrin noch unbekannt, ebensowenig wie hier und dort eine klare Scheidung zwischen dem, was wir heute unter Massekosten und Masseschulden verstehen, gemacht wurde. Beide Arten von Verbindlichkeiten faßte die ältere gemeine Lehre unter den „Konkurskosten“ zusammen, die sie in Gantkosten im engeren und weiteren Sinne einteilte.[1]

Die Konkurskosten umfaßten allen Aufwand zur Durchführung des Konkurses.

Einen gegenständlich scharfen Unterschied zwischen Massekosten und Masseschulden ähnlich dem unserer Konkursordnung finden wir namentlich bei SCHWEPPE.[2]

Masseansprüche (die geschichtlichen Vorgänger unserer Masseschuldansprüche) sind nach ihm:

A. die Masselasten.[3]

1. „in Rücksicht des Kridars“:

a) der Aufwand für seine Alimentation,

b) die Kosten für seine notdürftige Beerdigung,

c) bei Konkursen der Kommunen wegen der durch den Gerichtsgebrauch ihnen gewährten Wohltat der Kompetenz, wie sie zur Erhaltung „des gemeinen Wesens“ erforderlich war;

---

[1] DABELOW, S. 649 ff., REINHARDT, § 80, S. 154 f.

[2] SCHWEPPE, § 91, S. 183 f.

[3] Derselbe, § 40, S. 75 f.

2. „in Rücksicht anderer Berechtigten“:[1]

a) die auf den Grundstücken der Masse haftenden Realprästationen, besonders onera publica an den Staat, der Kanon der Emphyteuse und Superfizies, die nach der Konkurseröffnung fällig werdenden Reallasten und Grundrenten,

b) der von einzelnen Massegegenständen zu prästierende Schadenersatz, soweit der Gegenstand selber für ihn haftet,

c) das Erbegeld, womit ein Erbe von dem gemeinschaftlichen Erbstück abgefunden wird;

B. kontrahierte Verbindlichkeiten der Konkursgläubiger:[2]

a) aus Verträgen des Gemeinschuldners, die sie übernehmen,

b) aus Verträgen, die sie selbst schließen,

c) aus Auslagen dritter Personen, die ihnen zugute kommen.

Streit herrschte im gemeinen Recht über die Person desjenigen, der für „die Konkurskosten“ hafte. Während Dabelow (S. 662 ff.) ihn in dem Kridar erblickte, der aber nur mit der Konkursmasse verpflichtet sei, sollen nach den späteren Schriftstellern teils die Masse, teils die Konkursgläubigerschaft, teils die einzelnen Gläubiger pro rata nach dem sie treffenden Betrag der Masse verbunden sein.[3] Des näheren sei nur auf die Ansicht Schweppes eingegangen, an den auch Bayer, Günther und Schmid anklingen. Nach ihm haftete die Konkursgläubigerschaft für die Masseansprüche oben unter A. nur mit der Masse, für die oben unter B. mit der Masse und ihrem Privatvermögen. Der Haftungsgrund für jene beruhe auf dem Besitz der Masse, den sie mit der Konkurseröffnung erlangten, der für diese auf einem besonderen „obligatorischen Faktum“. Daher müßten sie einen Ausfall der unter B. genannten Gläubiger durch Zuschüsse aus ihrem eigenen Vermögen nach dem Verhältnis ihrer Anteile an der Masse decken. Es geht aus Schweppes Ausführungen allerdings nicht klar hervor, in welcher Weise die Nachschußpflicht realisiert wurde, ob die ausgefallenen unter B. genannten Gläubiger

---

[1] Schweppe, § 41, S. 77 ff.

[2] Derselbe, § 48, S. 88 f., § 64, S. 119 f.

[3] Günther, S. 24, 33, Schmid, § 209, S. 191, Bayer, § 50, S. 146 ff., Ordnung der Gläubiger bei dem Gantprozeß, S. 35 f.

sich direkt an die Konkursgläubiger halten konnten oder ob der curator die Nachschüsse zur Masse zog und an die Gläubiger verteilte.

Die neuere gemeinrechtliche Lehre[1] weicht in der Frage über den Schuldner der Massegläubiger von dem Standpunkt der älteren ab, indem sie unter dem Hinweis auf ältere Partikulargesetze (Hamburger Stadtrecht von 1605, II, 5, 2; Sächsische Prozeßordnung von 1622, Tit. 42, §§ 6, 7) den Kridar als den persönlichen Schuldner ansieht.

Die Konkurskosten wurden im römischen[2] wie im gemeinen Recht[3] vor den Konkursforderungen (nach GMELIN, S. 59 ff., §§ 28 ff. sogar vor den Vindikanten und Absonderungsberechtigten) aus der Masse berichtigt oder wenigstens den Konkursgläubigern auf ihre Dividende pro rata angerechnet.[4]

An dem Konkursverfahren, das ja im Interesse der Konkursgläubiger durchgeführt wurde, nahmen sie nicht teil und traten weder zueinander noch zu den Konkursgläubigern in ein Gemeinschaftsverhältnis. Ihre Ansprüche konnten sie mit der Fälligkeit gegen den curator geltend machen, sie konnten Verzugszinsen fordern, Vorzugsrechte erwerben, sich zwangsweise befriedigen. War ein Rechtsstreit über eine Masseverbindlichkeit anhängig, über den erst das Prioritätsurteil entschied, so rangierte sie an erster Stelle neben den Vindikanten.[5]

Wie die Massegläubiger zu befriedigen waren, wenn es sich im Laufe des Verfahrens ergab, daß die Masse zur Vollberichtigung aller Masseansprüche nicht ausreichen, darüber schwankt die Theorie.

Für den Standpunkt SCHWEPPES wurde diese Krisis insoweit überhaupt nicht praktisch, als die Konkursgläubiger zu Nachschüssen herangezogen werden konnten.

Eine ausreichende Antwort findet man nirgends. SCHWEPPE (§ 48, S. 89) hält einen Konkurs zugunsten einer gemeinschaftlichen Befriedigung mit gleichmäßigem Verlust für das angemessene.

---

[1] FUCHS, § 6, S. 33 f.

[2] DABELOW, S. 297.

[3] REINHARDT, S. 156 f., STOBBE, § 15, S. 84.

[4] DABELOW, S. 668 f.

[5] BAYER, § 68, S. 189 f.

Diese Ansicht teilt KUHR (in GRUCHOTS Beiträgen, Band 8, S. 511 ff.). Die Frage aber, ob bereits befriedigte Massegläubiger den Mehrempfang, auf den sie unter den sich später ergebenden ungünstigen Befriedigungsbedingungen keinen Anspruch gehabt hätten, wird auch von ihnen nicht beantwortet. Die Mehrheit der Schriftsteller schweigt darüber gänzlich.

Die Masseschulden nach der Reichskonkursordnung vom 10. Februar 1877, in der Fassung des Gesetzes vom 20. Mai 1898.

I. Das Wesen der Masseschulden.

1. Im allgemeinen.

Nach dem heutigen Recht sind die Masseschuldansprüche eine Unterart der Masseansprüche.

Die Masseansprüche sind Ansprüche, die im Interesse der Durchführung des Konkursverfahrens entstehen und aus der Konkursmasse „vorweg“ (§ 57), d. h. nach der Befriedigung der Aussonderungs- (§§ 43 ff.) und Absonderungsberechtigten (§§ 47 ff.) vor den Konkursforderungen zu berichtigen sind. Sie werden zum Teil vor, zum Teil nach der Konkurseröffnung begründet. Zwar vertritt die Mehrzahl der Theoretiker den Standpunkt der Motive (S. 240), sie entstünden erst nach der Konkurseröffnung.[1] Ihre Ansicht wird aber dem Gesetz nicht gerecht. Sie widerspricht besonders den §§ 59, Nr. 2 und 224, auch dem § 75 KO. mit dem § 79 GKG. (z. B. Auslagen des Konkursgerichts im Eröffnungsverfahren) und dem § 51 GKG., der ja ausdrücklich von dem „der Eröffnung vorangegangenen Verfahren“ handelt.[2]

Die Ansprüche der „Massegläubiger“ (vgl. die Überschrift zu

---

[1] So PETERSEN-KLEINFELLER, Bem. 2 vor § 57, S. 300, VON WILMOWSKI-KURLBAUM, Bem. 2 vor § 57, S. 253, VON SARWEY-BOSSERT, Bem. vor Titel 7, S. 272 f., SEUFFERT, S. 240, HELLMANN, S. 194, MEVES, S. 75, STIEGLITZ, Bem. vor Titel 7, S. 351, BREITLING, S. 93.

[2] JAEGER, Anm. 3 zu § 57, S. 648.

Titel 7, § 60, Protokolle, S. 49) zerfallen in Massekosten- (§ 58) und in Masseschuldansprüche (§ 59 und dessen Anwendungsfälle: §§ 7 Abs. II, 27, 28, 38 Satz 1, 147 Satz 2; § 224; § 236 KO., § 13 I. Anf. G.). Wegen des Ausdrucks „Masseansprüche“ siehe auch die §§ 133, 172, 191.

„Die einzelnen Massegläubiger stehen zueinander nicht anders wie einzelne Gläubiger eines Schuldners.“[1] Jeder kann selbständig und ohne Rücksicht auf den anderen seine Rechte durchsetzen. Eine Unterscheidung zwischen Massekosten und Masseschulden macht sich aber im Hinblick auf den § 60 notwendig, d. h. für den Fall, daß die Konkursmasse zur vollständigen Befriedigung aller Massegläubiger nicht ausreicht.

Das Unterscheidungsmerkmal hebt die Konkursordnung nicht scharf hervor. Sie gibt in dem § 58 im wesentlichen den Zweck der Massekosten, in dem § 59 den Rechtsgrund der Masseschulden an.

Nach den Motiven (S. 244) bilden die Kosten den „sachlich notwendigen Aufwand“ zur Durchführung des gemeinschaftlichen Befriedigungsverfahrens. Die Masseschulden stünden ihnen insofern gegenüber, als sie stets eine obligatorische Verbindlichkeit voraussetzten und, auch ohne sachlich notwendiger Aufwand zu sein, die Masse verpflichteten. Die Kosten verursache die Ermittlung und Verteilung der Nettomasse (Verteilungsmasse); die Masseschulden seien fremde Bestandteile, die aus der Masse auszuscheiden wären, um die reine Verteilungsmasse zu gewinnen.

Durch diese Gegenüberstellung wird „der Schein erweckt, als ob zwischen Massekosten und Masseschulden ein begrifflicher Unterschied wäre. Ein solcher ist aber gar nicht vorhanden.“[2]

Es kann vielmehr nur soviel gesagt werden, daß das Kennzeichen, ob ein Masseanspruch unter den § 58 oder den § 59 zu rechnen ist, allein durch den Zweck seiner Begründung in enger Verbindung mit den in dem § 59 aufgeführten Verpflichtungsgründen gegeben wird: Den gesamten Kostenaufwand für die Eröffnung und Durchführung des Konkursverfahrens stellen

---

[1] Motive, S. 248.

[2] Petersen-Kleinfeller, Bem. 1 zu § 59, S. 299.

die Massekosten, die Verbindlichkeiten aus dem Verkehr der Masse mit dritten Personen die Masseschulden dar.[1]

Eine absolut scharfe Sonderung zwischen Massekosten und Masseschulden halten von Wilmowski-Kurlbaum (Bem. 1 zu § 58, S. 255) nach den Vorschriften der §§ 58 und 59 sogar für unmöglich.

So kommt denn auch Wolff (S. 236 ff.) zu der Ansicht, daß einzelne Massekosten zugleich zu den Masseschulden gehören könnten, z. B. der Arbeits- und Gesindelohn, Erntekosten, Versicherungsprämien, wenn sie auf einem mit dem Konkursverwalter geschlossenen Vertrag beruhen.

„Es ist nicht zu leugnen, daß ein und derselbe Vorgang nach dem Wortlaut des Gesetzes sowohl unter den § 58, als unter den § 59 fallen kann. Die nach dem Buchstaben des Gesetzes mögliche Konkurrenz wird daher seinem Zwecke entsprechend dahin zu lösen sein, daß die besondere Bestimmung der allgemeineren vorgeht."[2] Beispiel: Der Konkursverwalter führt für die Verwaltung notwendige Prozesse. Die Prozeßkosten des unterliegenden Verwalters sind scheinbar zugleich Verwaltungsaufwand und Schulden aus Handlungen des Konkursverwalters (§ 58 Nr. 2 und § 59 Nr. 1). Verwaltungsaufwand ist indes der weitere Begriff. Die Prozeßkosten sind solcher Verwaltungsaufwand, der durch Handlungen des Konkursverwalters verursacht wird. Deshalb sind sie Masseschulden des § 59 Nr. 1.

Der einmal begründete Masseanspruch verliert seine rechtliche Qualität nicht dadurch, daß er auf einen Rechtsnachfolger übergeht. Die materiellrechtlichen Voraussetzungen für den Übergang richten sich nach dem Bürgerlichen Gesetzbuch.

Erfüllt ein Dritter eine Masseschuld, so erlischt — abgesehen von den Ausnahmefällen der Einlösungszahlung (z. B. § 268 BGB.) — das Schuldverhältnis. Zugleich aber kann ein neuer Anspruch aus der Geschäftsführung ohne Auftrag erwachsen (falls die Voraussetzungen der §§ 677 ff. BGB. erfüllt sind). Dieser

---

[1] Jaeger, Anm. 1 zu § 58, S. 654, Kohler, Lehrbuch, S. 383, Leitfaden, S. 205, Hellmann, S. 202, Seuffert, S. 242; siehe auch Fitting, § 14 Note 6, S. 174, Mandry-Geib, § 28 Note 38, S. 352.

[2] Jaeger, Anm. 1 zu § 58, S. 654.

neue Anspruch wird Masseanspruch der Nr. 1 des § 59, wenn der Konkursverwalter die Geschäftsführung genehmigt. Genehmigt er sie nicht, so kann der Anspruch im Konkurs nicht geltend gemacht werden,[1] weil es sich um eine gegen den Gemeinschuldner gerichtete, nach der Konkurseröffnung (§ 3) entstandene Forderung handelt. Sie ist ihrer Natur nach auch nicht Masseforderung aus dem § 59 Nr. 3.[2]

Befriedigt der Konkursverwalter als solcher aus seinem eigenen Vermögen einen Massegläubiger, so erwächst ihm ein Anspruch aus dem § 58 Nr. 2. Zediert ihm aber der Massegläubiger seine Forderung, so kann er sie in der ihm übertragenen Qualität geltend machen.[3]

Diese Ansicht ist in der Literatur bestritten. FITTING (S. 177 f. und Note 21 zu § 14) gewährt dem Konkursverwalter einen Masseanspruch aus dem § 59 Nr. 1 und Nr. 3, da der § 59 so allgemein gefaßt sei, daß nicht bloß an Ansprüche gedacht werden könne, die aus Geschäften und Handlungen des Konkursverwalters für andere, sondern auch an die, die ihm selbst entstünden, zu denken sei (z. B. aus den §§ 670, 683, 1835, 1915 BGB.). Zugleich aber sei die Masse durch die Zahlung seitens des Konkursverwalters ohne rechtlichen Grund auf seine Kosten bereichert. Auch nach WOLFF (S. 247 ff.) kann der Konkursverwalter seinen Anspruch aus dem § 59 Nr. 3 verfolgen.

Beide Ansichten sind abzulehnen. Wäre der § 59 tatsächlich so allgemein gedacht, wie es FITTING a. a. O. annimmt, so müßte man folgerichtig alle Ansprüche des Konkursverwalters aus seiner Verwaltertätigkeit darunter zählen. Auch ist die Konkursmasse nicht ohne rechtlichen Grund bereichert. Denn die Bereicherung ergibt sich aus seiner Geschäftsführung. In ihr liegt der rechtliche Grund.

2. Der Schuldner der Massegläubiger.

Schuldner der Massegläubiger ist der Kridar (§§ 57, 60 in Verbindung mit dem § 6).

---

[1] Gegen VON WILMOWSKI-KURLBAUM, Anm. 2 zu § 58, S. 256.

[2] JAEGER, Anm. 7 zu § 58, S. 658.

[3] Ebenda.

Der Wortlaut der §§ 57 und 60 läßt zwar scheinbar für die Beantwortung der Frage eine doppelte Möglichkeit: Massekosten und Masseschulden sind aus der Konkursmasse zu berichtigen (§ 57). „Sobald sich herausstellt, daß die Konkursmasse zur vollständigen Befriedigung aller Massegläubiger nicht ausreicht", tritt eine verhältnismäßige Befriedigung derselben ein (§ 60).

Danach scheint die Konkursmasse oder aber ihr Träger, der Gemeinschuldner, der Schuldner zu sein.

Da die Masse nach den Prinzipien der Konkursordnung kein Rechtsubjekt,[1] sondern ein dem Gemeinschuldner rechtlich zustehender Vermögenskomplex ist, der sich vom konkursfreien Vermögen des Schuldners dadurch unterscheidet, daß er ihn nicht verwalten und nicht über ihn verfügen kann und derselbe dem Konkurszweck unterworfen ist, kommt sie als Schuldner tatsächlich nicht in Betracht. Der § 6 spricht dem Gemeinschuldner lediglich Verwaltungs- und Verfügungsbefugnis, nicht auch die Fähigkeit ab, Träger der in der Konkursmasse zusammengeschlossenen rechtlichen Beziehungen zu sein.[2] Die Konkursmasse hat wohl eine „ausdrückliche Zweckbestimmung",[3] sie ist aber kein „Zweckvermögen", wie sie Völderndorff (S. 592) aufgefaßt wissen will.

Es bleibt nur die zweite Möglichkeit: Schuldner ist das Subjekt der Masse, also der Kridar.[4]

Die Gegner führen als Hauptgegenargument an, der Gemeinschuldner könne doch nicht sein eigener Gläubiger sein.[5]

---

[1] von Völderndorff, S. 592.

[2] Jaeger, Anm. 24 zu § 6, S. 86, RG. vom 15. März 1880, Bd. 1, S. 389, vom 21. Oktober 1902, Bd. 52, S. 332, vom 24. Januar 1903, Bd. 53, S. 352.

[3] Jaeger, Anm. 52 zu § 1, S. 25 f.

[4] Motive, S. 240, Protokolle, S. 109, Jaeger, Anm. 2 zu § 57, S. 647, Petersen-Kleinfelder, Anm. 2 vor § 57, S. 300, v. Wilmowski-Kurlbaum, Anm. 2 vor § 57, S. 253, Fitting, S. 182, Wolff, S. 207 ff. und KO., Anm. 2 zu § 57, S. 215, Pasquay, ZHR. 66, S. 72 f., Willenbücher, Anm. 2 zu § 57, S. 124, Stieglitz, Bem. vor § 50 (a. F.), S. 350 f., Hullmann, Bem. vor § 50 (a. F.), S. 194 f., Schultze, S. 46 f., Breitling, § 16, S. 93, Wengler, Bem. vor § 50 (a. F.), S. 357, Mandry-Geib, § 28, Note 39. RG. vom 17. April 1880, Bd. 2, S. 24, vom 17. November 1906, LZ. 1907, S. 143.

[5] von Völderndorff, S. 592, Note 6; ähnlich auch Seuffert, S. 240, Note 2.

Es ist fraglos richtig, daß der Gemeinschuldner aus dem § 58 Nr. 3 und aus dem § 59 Nr. 1 (Beispiel: er ist als Angestellter des Konkursverwalters in dem von diesem fortgesetzten Geschäftsbetrieb tätig), auch aus dem § 224 Massegläubiger sein kann. Die ihm aus diesen Rechtsgründen zustehenden Ansprüche sind frei vom Konkursbeschlag. Sie gehören zu seinem „sonstigen“ (§ 14) Vermögen. Er kann sie im Klageweg erzwingen, wenn sie bestritten werden.

Daß der Gemeinschuldner Ansprüche gegen die Konkursmasse haben kann, beruht auf der Sondergutsnatur der Konkursmasse. Die Sonderung des Vermögens des Gemeinschuldners tritt infolge der Konkurseröffnung ein. Es besteht von ihr ab aus der Masse und dem konkursfreien Vermögen. Der Bestand der Sondermassen wird durch die Konkursordnung (§ 6 Abs. I „sein“, § 14 Abs. I „sonstige“) ausdrücklich anerkannt.

Der Umfang der Haftung des Gemeinschuldners ist verschieden. Es kommt darauf an, ob die Masseansprüche vor oder nach der Konkurseröffnung begründet werden. Für die vor ihr entstandenen, bzw. für die nach dem § 59 Nr. 2 zu Masseverbindlichkeiten verstärkten haftet der Gemeinschuldner mit der Konkursmasse und seinem konkursfreien Vermögen.

Diese Haftung wird nicht etwa durch die Konkurseröffnung beschränkt. Es „läßt sich durch keine Stelle des Gesetzes rechtfertigen und wäre auch ganz unangemessen“, wenn eine schon vor dem Konkurs begründete unbeschränkt persönliche Haftung des Gemeinschuldners als solche erlöschen sollte.[1]

Für die während des Konkursverfahrens entstehenden Verbindlichkeiten haftet der Kridar nur mit der Konkursmasse, da der Konkursverwalter ihn nur bezüglich seines konkursbefangenen Vermögens vertritt und daher nur insoweit verpflichten kann (§ 164 BGB.).[2]

Für die Masseansprüche des Gemeinschuldners (z. B. aus § 58 Nr. 3) haftet die Masse allein. Bezüglich des konkursfreien Vermögens kann er nicht Schuldner und Gläubiger zugleich sein.

---

[1] Jaeger, Anm. 4 zu § 57, S. 648 f., vgl. Lippmann, S. 231.
[2] Jaeger, Anm. 3 und 4 zu § 57, S. 647 ff., Schultze, S. 46 f.

In diesem Zusammenhang ist die Rechtstellung des Konkursverwalters zu streifen und dabei zugleich auch zu untersuchen, ob er als Schuldner der Massegläubiger in Betracht kommt.

Über seine Rechtstellung herrscht große Meinungsverschiedenheit. Unter den aufgestellten Theorien ist hauptsächlich die Amts- von der Vertretungstheorie zu scheiden.

Die Amtstheorie erblickt in dem Konkursverwalter ein Staatsorgan, das amtliche Pflichten erfüllt, und lehnt den Gedanken einer Vertretung des Gemeinschuldners durch den Konkursverwalter ab. Der Konkursverwalter handle im eigenen Namen kraft des ihm in Beziehung auf die Konkursmasse zustehenden Verfügungsrechts. Die aus der Amtsführung entstehenden Verbindlichkeiten lasteten auf der Konkursmasse,[1] d. h. sie seien Verbindlichkeiten des Gemeinschuldners; aber, da der Konkursverwalter ihn nicht vertrete, daher auch nicht persönlich verpflichten könne, hafte den Massegläubigern nur die Masse. Zu Akten, die über die Konkursmasse hinausreichten und das konkursfreie Vermögen des Gemeinschuldners träfen, sei er nicht befugt.[2]

Die Anhänger der Vertretungstheorie sehen in dem Konkursverwalter den Vertreter des Gemeinschuldners, der Konkursgläubigerschaft oder der Konkursmasse.

Die Vertretungstheorie erscheint dem Wesen der Konkursordnung gerechter und in ihrem Ergebnis befriedigender als die Amtstheorie, und zwar innerhalb der Vertretungstheorie diejenige, die den Konkursverwalter teils als Vertreter des Gemeinschuldners, teils als Vertreter der Konkursgläubiger — besonders in Anfechtungsprozessen — betrachtet.

Über die Begründung dieser Ansicht sei nur einiges hier Wesentliche ausgeführt. Nach dem § 6 verliert der Gemeinschuldner mit der Eröffnung (nicht erst mit der Verkündung des Eröffnungsbeschlusses) des Konkursverfahrens die Befugnis, sein zur Konkursmasse gehöriges Vermögen zu verwalten und über

[1] von Sarwey-Bossert, Anm. 6 zu § 6, S. 67 f.

[2] von Sarwey-Bossert, Vorbem. zu Titel 7, S. 272 f.

dasselbe zu verfügen. Das Verwaltungs- und Verfügungsrecht wird durch einen Verwalter ausgeübt. Daraus folgt:

a) Die Konkursmasse bleibt auch nach der Konkurseröffnung Vermögen des Gemeinschuldners („sein" § 6 Abs. I, vgl. § 14 I „das sonstige Vermögen des Gemeinschuldners").

b) Verwaltungs- und Verfügungsrecht stehen begrifflich nach wie vor dem Gemeinschuldner zu. Diese Rechte werden vom Verwalter bloß „ausgeübt".

c) Verwaltungs- und Verfügungsbefugnis über dieses fremde Vermögen, und zwar nur über dieses, bilden den wesentlichen Inhalt der Macht des Konkursverwalters.

Seine Befugnisse übt der Konkursverwalter als solcher aus, nicht im eigenen Namen. Aus seinen Handlungen berechtigt er daher nicht sich selber, sondern die Konkursmasse, bzw. deren Subjekt. Ebenso verpflichtet er dieses.

Der Konkursverwalter ist der Vertreter des Kridars nach materiellem (§ 164 BGB.) wie nach Prozeßrecht. Letzteres ergibt sich daraus, daß der Konkursverwalter nicht Partei in einem Rechtsstreit sein kann. Partei kann nur ein Rechtssubjekt sein, auf das die wesentlichen Parteivorschriften der Zivilprozeßordnung passen[1]: die §§ 325 I, § 91 (vgl. §§ 81, 86 GKG.); 302 IV, 600 II, 717 II, 945 (vgl. 541 II); § 13, 15—17, 20, 41 Nr. 1—3, 49 ZPO.; 156 Nr. 1—3 GVG.; 383 Nr. 1—3, 384 Nr. 1 und 2, 393 Nr. 3, 408, 445, 448 ZPO. Sie treffen sämtlich den Gemeinschuldner, nicht den Verwalter.

Da die Vertretung des Gemeinschuldners nicht eine von ihm gewillkürte ist, sondern die Vertretungsmacht auf den Konkursverwalter kraft Gesetzes übertragen wird, so ist dieser Zwangsvertreter des Gemeinschuldners (ähnlich wie z. B. der Vormund eines entmündigten Trunkenbolds).

Als Vertreter des Gemeinschuldners kann der Konkursverwalter nicht Schuldner der Massegläubiger sein.

Allerdings kann er von den Massegläubigern dann herangezogen werden, wenn er ihnen gegenüber seine Pflichten schuld-

---

[1] Jaeger, Anm. 7 zu § 6, S. 77 ff.

haft (§ 276 BGB.) verletzt, da er allen am Konkursverfahren Beteiligten nach dem § 82 haftet. Das ist aber eine subsidäre Haftung.

Pflichten gegen die Massegläubiger legen ihm besonders die §§ 57, 60, 191, 205 auf.

Eine andere Frage ist es, wenn der Konkursverwalter nicht erkennbar im fremden Namen handelt. In diesem Fall kommt der Mangel des Willens, im eigenen Namen zu handeln, nicht in Betracht (§ 164 Abs. II BGB.), d. h. dann ist der Konkursverwalter persönlicher Schuldner.

Nach der Ansicht Kohlers (Lehrbuch, S. 381 f.), Seufferts (S. 240) und Hellmanns (S. 193 ff.) sind die Konkursgläubiger Schuldner der Massegläubiger; sie hafteten für die Masseansprüche aber nur mit der Masse (§ 57).

Kohler und Seuffert betrachten die Ansprüche gegen die Masse als Verbindlichkeiten der Konkursgläubiger zur gesamten Hand, Hellmann als Verbindlichkeiten der Konkursgläubiger „pro rata nach dem sie treffenden Betrag der Masse“.[1]

Kohler und Seuffert kommen zu dieser Auffassung von dem Standpunkt aus, daß den Konkursgläubigern ein dingliches Recht an der Masse („Beschlagsrecht“[2]; „Pfandrecht“[3]) zustehe und die Konkursgläubiger zur Ausübung des Beschlagsrechts eine Gemeinschaft[4] bildeten.

Hellmann begründet auf S. 194 ff. die Schuldnerschaft der Konkursgläubiger zunächst negativ. Die Konkursordnung begrenze die Gläubiger des Gemeinschuldners. Sie unterscheide zwischen Gläubigern, die einen zur Zeit der Konkurseröffnung gegen den Gemeinschuldner begründeten Anspruch haben (§ 3 „Konkursgläubiger“) und solchen, die erst nach der Konkurseröffnung einen Anspruch gegen ihn erwerben. Diese letzteren könnten aus der Konkursmasse nicht befriedigt werden. Eine dritte Kategorie von Gläubigern des Gemeinschuldners kenne das Gesetz nicht. Der § 57 lasse Ansprüche aus der Konkursmasse

---

[1] Hellmann, S. 195.
[2] Kohler, Lehrbuch, S. 98 ff.
[3] Seuffert, S. 151 ff.
[4] Kohler, Lehrbuch, S. 370 ff., Seuffert, S. 155.

berichtigen, obgleich sie sich nicht gegen den Gemeinschuldner richteten. Für diese Ansprüche müsse daher ein anderer Schuldner „gesucht" werden. HELLMANN findet ihn auch „ohne weiteres" in den Konkursgläubigern, da in ihrem Interesse sämtliche Masseansprüche entstünden.

Lediglich nach dem Zweck, zu dem die Masseansprüche begründet werden, ihre rechtliche Natur zu beurteilen, ist unrichtig. Das ergeben die Konsequenzen. Gehört doch zu den Masseschulden des § 224 Nr. 2 auch der Aufwand für das Trauerkleid der unbemittelten Witwe des Erblassers, ebenso für den Leichenschmaus (der z. B. im Fränkischen üblich ist). Ferner kommt der Erfolg der Geschäftsführung des Konkursverwalters sehr wohl auch dem Gemeinschuldner selbst zugute (vgl. vor allem den § 164).

Für die juristische Konstruktion der Haftung der Konkursgläubiger bietet das Gesetz keinen Anhalt.

Die Motive (S. 15, 16) lehnen ein durch die Konkurseröffnung entstehendes Pfandrecht desselben als „legislativ fehlerhaft und unzureichend" ab. „Es wäre eine Ironie des Schicksals, wenn gerade das Reichsgesetz, das in aller Schärfe mit dem sicherheitsgefährlichen Institute des stillschweigenden Generalpfandrechtes gebrochen hatte, den Redaktoren unbewußt, selber ein Pfandrecht anerkannt hätte, das zugunsten einer Vielheit von Gläubigern eine Vielheit von Vermögensgegenständen erfaßte."[1] Die grundlegenden Prinzipien des heutigen Pfandrechts (Spezialität, Publizität) wären durchbrochen, der Verkehr infolge der Inkonsequenz des positiven Rechts unsicher. Man sollte es doch auch gesetzestechnisch für folgerichtig halten, daß die Konkursordnung, die wie das Zwangsvollstreckungsrecht begrifflich zivilprozessual ist (vgl. den § 72) die materiellrechtliche Wirkung der Konkurseröffnung analog dem § 804 ZPO. ausdrücklich hätte aussprechen müssen.

Sie kennt ein solches Pfandrecht jedoch nicht. Nach dem § 3 „dient" die Konkursmasse zur Befriedigung der Konkursgläubiger. Um diesen Zweck erreichen zu können, wird dem

---

[1] JAEGER, Anm. 48 zu § 3, S. 63.

Gemeinschuldner Verwaltungs- und Verfügungsbefugnis bezüglich des zur Konkursmasse gehörigen Vermögens abgesprochen (§ 6). Von einem Beschlagsrecht ist aber nirgends die Rede.[1]

Auf die vor der Konkurseröffnung entstandenen Masseansprüche (oben S. 4) paßt die besprochene Theorie überhaupt nicht. Denn mit der Konkurseröffnung würde ein Schuldnerwechsel eintreten, der sich nicht rechtfertigen ließe.

Besonders auffallend wäre der ungerechtfertigte Schuldnerwechsel bei der Eröffnung des Nachlaßkonkurses im Gegensatz zur Nachlaßverwaltung. Bei der Nachlaßverwaltung wie bei dem Nachlaßkonkurs bleibt der Erbe Subjekt des Nachlasses (§ 6 KO., § 1984 BGB.). Nach der Theorie von der Schuldnerschaft der Konkursgläubiger wäre der Schuldner der Massegläubiger im Nachlaßkonkurs ein anderer als bei der Nachlaßverwaltung.

Hellmann sucht diesen Vorwurf dadurch zu entkräften, daß er (S. 198) den Erben im Nachlaßkonkurs Schuldner bleiben läßt, ihm als neuen Schuldner aber die Konkursgläubiger hinzufügt. In dieser Steigerung der Haftung beruhe das Wesen des § 224. Das beweise der Konkurs über das Vermögen des unbeschränkt haftenden Erben, in dem die Ansprüche aus dem § 224 als Konkursforderungen anzumelden seien.

Hellmanns Ausführungen bleiben ein Rechtfertigungsversuch. Wenn er auch den Gemeinschuldner im Nachlaßkonkurs nicht aus der Haftung löst, so bleibt doch die Verschiedenartigkeit der Haftung von der Nachlaßverwaltung insofern, als der Hinzutritt der Konkursgläubiger zu dieser im Gegensatz steht.

Das Hinzukommen neuer Schuldner ohne jede nähere Regelung ihres Verhältnisses zueinander erregt vielmehr weitere Bedenken. Sollen Gemeinschuldner und Konkursgläubiger als Gesamtschuldner haften, so daß die Leistung des einen Teils den anderen befreit? Haben sie in diesem Fall Regreß von dem Zahlenden und in welcher Weise zu gewärtigen?

Auch für die Verbindlichkeiten aus dem § 59 Nr. 2 konstruiert

---

[1] So RG. vom 2. VII. 1900, Bd. 46, S. 167; vgl. vom 5. III. 1887, Bd. 19, S. 62, Celle v. 20. VI. 1904, OLG. 9, S. 379; Fitting, § 5, Note 17, S. 29 f., Petersen-Kleinfeller, Anm. 2 zu § 3, S. 24 f., von Wilmowski-Kurlbaum, Vorbem. 2 vor § 1, S. 24 f., Jaeger, Anm. 3 zu § 57, S. 647 f.

Hellmann eine doppelte Haftung, indem er diejenigen, die aus der Zeit vor der Konkurseröffnung herrühren, als gewöhnliche Konkursforderungen betrachtet, weil sie sich gegen den Gemeinschuldner richteten; für die Verbindlichkeiten aber, die aus dem § 59 Nr. 2 erst mit und nach der Konkurseröffnung entstehen, läßt er neben dem Gemeinschuldner zugleich die Konkursgläubiger haften (S. 200, Note 3).

Hellmann scheint die Unbilligkeit zu empfinden, die darin liegt, den nicht für eine Verbindlichkeit haften zu lassen, der sie begründet. Sein Ausweg paßt aber nicht zu seiner Auffassung von dem Wesen der Masseschulden und Massekosten (S. 194 ff.).

Im Gegensatz zu allen bisher erörterten Theorien steht die Ansicht Lippmanns in Jherings Jahrbüchern (Bd. 41, S. 222 ff.): Für die Masseansprüche gebe es überhaupt kein verpflichtetes Subjekt. Das Surrogat für das fehlende Subjekt sei das Verantwortlichkeitsgefühl des Verwalters, da im Konkurs wie bei der Stiftung eine subjektlos zu führende Verwaltung vorliege.

Diese Annahme ist nach dem positiven Recht der Konkursordnung nicht begründet. Nach ihr bleibt, wie oben auf S. 10 f. ausgeführt worden ist, der Gemeinschuldner Subjekt der Konkursmasse. Aus diesem Grunde ist die Theorie abzulehnen.[1]

3. Das Verhältnis der Massegläubiger zu den Konkursgläubigern.

Die Motive erblicken den Unterschied zwischen Masseverbindlichkeiten und Konkursforderungen (S. 240) darin, daß die Masseansprüche erst nach der Konkurseröffnung ohne eigenes Rechtsgeschäft des Gemeinschuldners zu Lasten der Masse entstünden, die Konkursforderungen aber schon zur Zeit der Konkurseröffnung begründete vermögensrechtliche Ansprüche gegen den Gemeinschuldner seien (§ 3). Die Konkursgläubiger hätten die Masseansprüche nur deshalb als verbindlich anzuerkennen, weil sie in ihrem Interesse bei der Sammlung, Verwaltung, Verwertung und Verteilung der Masse sich als regelmäßig notwendig ergeben.[2]

---

[1] Jaeger, Anm. 3 zu § 57, S. 648.

[2] Siehe auch Petersen-Kleinfeller, Bem. 2 vor § 57, S. 300, von Wilmowski-Kurlbaum, Anm. 2 vor § 57, S. 253.

In dieser Allgemeinheit trifft die Unterscheidung nicht zu. Daß Masseansprüche auch schon vor der Konkurseröffnung entstehen können, ist bereits oben auf S. 4 ausgeführt.

Unrichtig ist es aber auch, zu behaupten, die Masseansprüche gingen nicht aus Rechtsgeschäften des Gemeinschuldners hervor. Im Nachlaßkonkurs werden ja ausdrücklich (§ 224) gewisse Verbindlichkeiten aus Rechtsgeschäften des Gemeinschuldners zu Masseschulden erklärt! Die zweiseitigen Rechtsgeschäfte des § 59 Nr. 2 sind gleichfalls auf Rechtshandlungen des Gemeinschuldners zurückzuführen; dadurch, daß der Konkursverwalter auf Erfüllung besteht, wird die Verbindlichkeit nicht erst begründet, sondern nur zur Masseschuld verstärkt.[1]

Die in den Motiven vertretene Ansicht besteht nur hinsichtlich der nach der Konkurseröffnung entstehenden Masseansprüche zu Recht.

Das Hauptunterscheidungsmerkmal liegt in dem wirtschaftlichen Zweck, der die beiden Arten von Ansprüchen entstehen läßt: Die Konkursforderungen entspringen der wirtschaftlichen Betätigung des Gemeinschuldners zur Begründung und Erhaltung seiner wirtschaftlichen Existenz, die Masseansprüche dem Verfahren zur Aufteilung seines Vermögens unter die Gläubiger.

Nach den Motiven (S. 240) haben die Konkursgläubiger die Masseansprüche als verbindlich anzuerkennen. Damit soll aber nicht gesagt sein, die Konkursgläubiger seien Schuldner der Massegläubiger, sondern nur, die Konkursgläubiger hätten die Vorwegbefriedigung der Massegläubiger zu dulden (§ 57), ähnlich wie auch die Absonderungsberechtigten ihre Rechte unbekümmert um die Konkursforderungen durchsetzen können.

Ein Schuldverhältnis zwischen Massegläubigern und Konkursgläubigern ist nur in einem Fall möglich; nämlich dann, wenn bei der Verteilung der Dividende Massegläubiger nicht oder nicht genügend berücksichtigt worden sind (siehe aber § 172). Dieses Schuldverhältnis unterscheidet sich aber von dem Hauptschuldverhältnis (oben S. 7 ff.) durch seinen Rechtsgrund. Das Ver-

---

[1] Jaeger, Anm. 3 zu § 57, S. 648.

hältnis, das hier besprochen wird, basiert lediglich auf dem § 812 BGB.

Der Anspruch auf Grund des § 812 BGB. setzt zweierlei voraus: Die Konkursgläubiger müssen auf Kosten der Massegläubiger ohne rechtlichen Grund bereichert sein.

Daß die Massegläubiger benachteiligt werden, wenn sie nichts oder zu wenig aus der Masse bekommen, leuchtet ohne weiteres ein. Fraglich ist es aber, ob die Konkursgläubiger ohne rechtlichen Grund die höhere Dividende bekommen. Vom Gemeinschuldner empfangen sie nicht mehr, als ihnen rechtlich gebührt. Allein sie erhalten die höhere Dividende unter Verletzung des Rechts der Massegläubiger auf Vorausbefriedigung (§ 57). Die Konkursgläubiger können nach der Konkurseröffnung ihre Ansprüche nur nach den Vorschriften der Konkursordnung verfolgen (§ 12). Während des Verfahrens haben sie daher nur Anspruch auf die Dividende, d. h. auf einen Anteil an der Verteilungsmasse. Diese jedoch ergibt sich erst nach Vorabzug der Masseverbindlichkeiten. Aus dieser Verteilungsmasse nun erhalten sie mehr, als ihnen zusteht. Aus diesem Grund haben die benachteiligten Massegläubiger die condictio sine causa auf das Zuvielempfangene, die sie in Einzelprozessen verfolgen können. Sie können die ungerechtfertigt bereicherten Konkursgläubiger allerdings auch als Streitgenossen verklagen.[1]

Die benachteiligten Massegläubiger haben jedoch nicht in allen Fällen, in denen die Konkursgläubiger auf ihre Kosten eine zu hohe Dividende erlangt haben, gegen diese einen Bereicherungsanspruch. Wenn sie ihren Anspruch nicht bis zur Festsetzung des Prozentsatzes oder der Beendigung des Schlußtermins oder der Bekanntmachung einer Nachtragsverteilung zur Kenntnis des Konkursverwalters gebracht haben, können sie denselben nicht mehr auf den Massebestand geltend machen, der gerade verteilt werden soll (§ 172). Da insoweit ihr Recht auf Vorwegbefriedigung entfällt, werden die betreffenden Konkursgläubiger zwar auf ihre Kosten, aber nicht ohne rechtlichen Grund bereichert.

[1] Jaeger, Anm. 7 zu § 57, S. 650, Kohler, Lehrbuch, S. 386 f., Wolff, S. 255 ff., Seuffert, S. 240 f., Fitting, S. 173 u. Note 4 zu § 14, Motive, S. 247 f.

4. Das Verhältnis der Massegläubiger zu den Aussonderungsberechtigten.

Die Aussonderungsberechtigten (§§ 43 ff.) stehen in keinem Rechtsverhältnis zu den Massegläubigern.

Die Befriedigung beider Arten von Gläubigern erfolgt unabhängig vom Konkursverfahren.

Die Ansprüche der Aussonderungsberechtigten richten sich auf Gegenstände der Konkursmasse, die dem Gemeinschuldner nicht gehören. Die Ansprüche der Massegläubiger sind aus der nach Ausscheidung der fremden Bestandteile sich ergebenden Masse zu berichtigen. In dem Befriedigungsobjekt liegt der wesentliche Gegensatz.

Die Massegläubiger haben begründete Aussonderungsansprüche gegen sich gelten zu lassen.

An einem zwischen dem Konkursverwalter und einem angeblichen Aussonderungsberechtigten über das Aussonderungsrecht anhängigen Rechtsstreit kann ein Massegläubiger als Nebenintervenient teilnehmen, da er am Obsiegen des Konkursverwalters ein rechtliches Interesse hat (§ 66 ZPO.). Die Nebenintervention ist die nichtstreitgenössische.[1] Denn das Urteil erlangt zwischen dem Massegläubiger und dem Aussonderungsberechtigten für einen künftigen Prozeß beider untereinander nicht Rechtskraft. Die Ansicht Wolffs (a. a. O.), daß der sich beteiligende Massegläubiger wie jeder Gläubiger den Ausgang des von seinem Schuldner gegen einen Dritten geführten Prozesses gegen sich gelten lassen müßte, widerspricht in dieser Allgemeinheit dem in dem § 325 ZPO. ausgesprochenen Grundsatz der Rechtskraftwirkung des Urteils.[2]

5. Das Verhältnis der Massegläubiger zu den Absonderungsberechtigten.

Das Verhältnis der Massegläubiger zu den Absonderungsberechtigten (§§ 47 ff.) ist ähnlich dem zu den Aussonderungsberechtigten.

Die Absonderungsberechtigten haben das Recht, sich aus bestimmten, zur Konkursmasse gehörigen Gegenständen, d. h.

---

[1] Gegen Wolff, S. 262 f.

[2] Jaeger, Anm. 15 zu § 57, S. 653.

körperlichen Sachen und sonstigen Aktivrechten des Gemeinschuldners,[1] zu befriedigen.

Der Befriedigung der Massegläubiger dagegen dient die gesamte Masse. Sie haben aber die zur Zeit der Konkurseröffnung schon begründeten Absonderungsansprüche zu respektieren.[2]

Absonderungsrecht und Massegläubigerrecht sind keine einander ausschließenden Begriffe. Denn die Massegläubiger können namentlich zur Sicherung ihrer Ansprüche Absonderungsrechte erwerben; die §§ 14, 15 beziehen sich nicht auf sie.

Über die Möglichkeit der Beteiligung eines Massegläubigers an einem zwischen dem Konkursverwalter und einem angeblichen Absonderungsberechtigten über das in Anspruch genommene Absonderungsrecht anhängigen Rechtsstreit gilt dasselbe wie oben auf S. 18.

II. Die Arten der Masseschulden.

1. Die Masseschulden des § 59 Nr. 1.

„Masseschulden sind die Ansprüche, welche aus Geschäften oder Handlungen des Konkursverwalters entstehen" (§ 59 Nr. 1).

Unter Geschäften und Handlungen des Konkursverwalters sind Rechtsgeschäfte und Rechtshandlungen zu verstehen. Rechtshandlungen (vgl. z. B. die §§ 7, 29, 30, 31, 33, 42) sind Willensäußerungen mit Rechtserfolg, besonders auch Prozeßhandlungen. Sie sind teils erlaubte, teils unerlaubte Handlungen. Rechtsgeschäfte dagegen sind nach dem positiven Recht der Konkursordnung ein engerer Begriff (vgl. z. B. die §§ 17 ff.), nämlich solche Rechtshandlungen, denen ein bestimmter Rechtserfolg wesentlich ist; es sind Willenserklärungen mit gewolltem Rechtserfolg. Die Rechtsgeschäfte des § 59 umfassen, da im Gesetz kein Unterschied gemacht wird, ein- und zweiseitige Rechtsgeschäfte.

Aber nicht jede Rechtshandlung und jedes Rechtsgeschäft des Konkursverwalters erzeugt unmittelbar eine Masseverbindlichkeit. Masseschulden sind nur solche Ansprüche, welche aus Geschäften und Handlungen des Konkursverwalters „entstehen". Die

---

[1] Motive, S. 190, Sohm, S. 1 ff.

[2] Siehe z. B. RG. vom 10. IV. 1894, Bd. 33, S. 116 ff.

Konkursordnung verweist in der begrifflichen Fixierung auf die Anspruchsentstehungsgründe unseres gesamten positiven Rechts und leitet aus diesen Masseschulden nur dann her, wenn sie auf Rechtsgeschäften oder Rechtshandlungen des Konkursverwalters beruhen. „Für die Nr. 1 des § 59 ist also nur dann Raum, wenn ein sonst anerkannter Anspruchsentstehungsgrund vorliegt.“ [1]

Die Verbindlichkeiten der Nr. 1 des § 59 rühren aus der Zeit nach der Konkurseröffnung her. Erkennt daher der Konkursverwalter eine Konkursforderung, die er anfangs bestritten hat, später an, so bleibt die Forderung Konkursforderung und wird nicht etwa aus der Tatsache der Anerkennung zum Masseschuldanspruch aus dem § 59 Nr. 1.[2] Anders ist das abstrakte Schuldversprechen oder Schuldanerkenntnis (§§ 780—782 BGB.), das der Konkursverwalter z. B. auf Grund einer Abrechnung gibt, zu beurteilen. Aus ihnen entstehen Masseschuldansprüche, da sie einen selbständigen Verpflichtungsgrund in sich tragen. — Der Anspruch aus einer Geschäftsführung ohne Auftrag aus der Zeit vor der Konkurseröffnung, die der Konkursverwalter genehmigt, fällt nicht unter den § 59 Nr. 1. Denn der Anspruch entspringt der Geschäftsführung, und die Genehmigung d. i. die nachträgliche Zustimmung wirkt auf die Zeit der Vornahme des Rechtsgeschäfts zurück (§ 184 BGB.). Sie ersetzt die fehlende Ermächtigung (§§ 684, Satz 2, 683 BGB.).

Für die zur Zeit der Konkurseröffnung schwebenden Schuldverhältnisse gilt die Sondervorschrift des § 26, nach der Ansprüche, die wegen Nichterfüllung einer Verbindlichkeit seitens des Verwalters oder Aufhebung eines Rechtsverhältnisses des Gemeinschuldners entstehen, nicht als Masseforderungen aus dem § 59 Nr. 1, sondern als bloße Konkursforderungen geltend zu machen sind.[3]

Die Masseschulden der Nr. 1 des § 59 setzen Handlungen (im weiteren Sinne) des Konkursverwalters voraus. Hat er innerhalb der Grenzen seiner Befugnisse gehandelt, so verpflichtet

---

[1] Jaeger, Anm. 1 zu § 59, S. 659.

[2] RG. vom 27. II. 1890, J. W., S. 114.

[3] RG. vom 31. I. 1908, Bd. 67, S. 372 ff.

er die Masse. Dabei macht es keinen Unterschied, ob er ausdrücklich als Konkursverwalter auftritt, oder ob die Umstände ergeben, daß er im Namen und für Rechnung der Konkursmasse handelt (§ 164 BGB.).

Die Handlung braucht nicht immer in einem positiven Tun zu bestehen. Sie kann auch ein Unterlassen sein; z. B. der Konkursverwalter meldet sich in dem Termin eines von ihm angestellten Prozesses nicht, zu dem der Gegner nicht erschienen ist, und der Prozeß ruht infolgedessen; oder er erscheint zu einem Termin nicht, zu dem der Gegner gekommen ist, und es ergeht Versäumnisurteil gegen ihn (§§ 330 ff., 344 ZPO.); oder er erfüllt Verbindlichkeiten nicht oder nicht in gehöriger Weise (siehe z. B. die §§ 433, 326 BGB.).

Prinzipiell soll der Konkursverwalter das Interesse der Konkursgläubiger und des Gemeinschuldners wahrnehmen. Ob aber die einzelne Handlung ihnen von Vorteil ist oder nicht, ob sie objektiv notwendig ist, ist für die Frage nach der Masseschuldeigenschaft der aus ihr folgenden Verbindlichkeit unerheblich. Nur muß die Handlung durch den Konkurszweck berechtigt sein. Rechtshandlungen, die dem Konkurszweck zuwiderlaufen, sind absolut nichtig, erzeugen also auch keine Masseansprüche, z. B. ein Schenkungsversprechen.[1]

Überschreitet der Konkursverwalter seinen Machtbereich, so haftet er eventuell persönlich (vgl. oben auf S. 10 ff.).

Delikte darf er zugunsten der Konkursmasse nicht begehen. Hat er aber z. B. zu ihren Gunsten etwas unterschlagen, so hat der Geschädigte ein Aussonderungsrecht auf den noch unterscheidbar in der Masse befindlichen unterschlagenen Gegenstand, bzw. auf sein Surrogat im Sinne des § 46.

Andererseits wird die Konkursmasse aus Handlungen, zu deren Vornahme der Verwalter in abstracto befugt ist, berechtigt und verpflichtet, auch wenn er in concreto schuldhaft handelt.[2] Denn der Gemeinschuldner hat ein Verschulden seines gesetz-

---

[1] Jaeger, Anm. 41 u. 42 zu § 6, S. 97 f.

[2] Jaeger, Anm. 1 zu § 59, S. 660, Seuffert, S. 244, Wolff, S. 306 und KO., Anm. 1 zu § 59, S. 225 f., Fitting, S. 176.

lichen Vertreters bei den Verwaltergeschäften im gleichen Umfange zu vertreten wie sein eigenes (§ 278 BGB.).[1]

Der Konkursverwalter hat z. B. zu gewissen Handlungen die Genehmigung des Gläubigerausschusses oder der Gläubigerversammlung einzuholen (§§ 133, 134). Ihr Fehlen beeinflußt aber die Wirksamkeit einer Handlung des Verwalters dritten Personen gegenüber nicht. Sie hat nur für das innenrechtliche Verhältnis des Konkursverwalters zu den Konkursgläubigern Bedeutung (§ 136).

Wie für das Gebaren des Konkursverwalters hat der Gemeinschuldner auch für dasjenige eines Substituten desselben einzustehen (§ 278 BGB.).

Die Tragweite des § 59 Nr. 1 mögen folgende Fälle veranschaulichen:

Masseschuldansprüche entstehen vornehmlich aus Miet- und Pacht-, Dienst- und Werkverträgen, aus Aufträgen, Geschäftsbesorgungen ohne Auftrag nach der Konkurseröffnung, Darlehnsaufnahmen, Käufen und Verkäufen usw.[2, 3] Die Masse haftet, wenn der Konkursverwalter mit der Erfüllung fälliger und feststehender Aussonderungs- oder Masseansprüche in Verzug gerät, wenn er schuldhaft ein Absonderungsrecht nicht beachtet,[4] wenn er durch sachwidrige Veräußerung von Zubehör die Hypothekengläubiger schädigt.

Gehören Ansprüche des Konkursverwalters selbst auf Grund der Gebührenordnung für Rechtsanwälte, wenn er als Rechtsanwalt Prozesse für die Masse führt, unter die Masseschuldansprüche des § 59 Nr. 1?.

---

[1] Masseansprüche sind z. B. auch die Ansprüche aus Rechtsgeschäften, zu deren Abschluß der Konkursverwalter den Gegner durch arglistige Täuschung oder durch Erregung eines Irrtums bestimmt hat und die aus diesem Grunde angefochten worden sind.

[2] Neben- und Ersatzansprüche haben die gleiche Qualität wie der Hauptanspruch (z. B. aus §§ 281, 323 Abs. II, 325 ff. BGB.).

[3] Von Wichtigkeit ist es, ausdrücklich auch hier zu bemerken, daß die Wirksamkeit der Rechtshandlungen (i. w. S.) des Konkursverwalters den Konkurs überdauert.

[4] Vgl. RG. vom 10. IV. 1894, Bd. 33, S. 118, KG. vom 24. IV. 1900, OLG. 1, S. 440, Naumburg vom 2. I. 1907, OLG. 15, S. 239, RG. vom 17. XI. 1906, LZ. 1907, S. 143 f.

Daß er sie überhaupt erheben kann, unterliegt keinem Zweifel, da sie bei dem Honorar für seine Verwaltertätigkeit nicht berücksichtigt werden. Die Prozeßführung ist nicht Geschäftsführung im Sinne des § 85. Verwalter- und Anwaltstätigkeit gehen selbständig nebeneinander her. Er könnte ja auch einen anderen Rechtsanwalt mit der Prozeßführung betrauen.[1]

Aber er kann sie nicht als Masseschuldansprüche, sondern nur als Massekostenansprüche nach dem § 58 Nr. 2 geltend machen. Denn, wie wir sahen (oben auf S. 19 f.), setzen die Ansprüche aus dem § 59 Nr. 1 einen sonst anerkannten Entstehungsgrund voraus (es käme ein Dienstvertrag oder Auftrag in Betracht). Ein solcher kann aber hier nicht vorliegen, da der Konkursverwalter mit sich nicht kontrahieren kann (§ 181 BGB.). Auch gehören diese Kosten zu dem Verwaltungsaufwand im engeren Sinne.

Zu den Handlungen im Sinne der Definition der Einleitung zu diesem Abschnitt gehört auch die Führung von Aktiv- und Passivprozessen durch den Konkursverwalter. Unterliegt er, so können die ihm als Konkursverwalter auferlegten oder von ihm im Vergleichsweg übernommenen Kosten als Masseansprüche verfolgt werden.[2]

Dazu muß hervorgehoben werden, daß im Falle der Aufnahme eines schon zur Zeit der Konkurseröffnung anhängigen und durch diese unterbrochenen Prozesses auch die Kosten aus der Zeit vor ihr Gegenstand von Masseansprüchen sind. Ohne Belang ist es, ob der Konkursverwalter oder ein Dritter den Prozeß aufnimmt (§§ 10, 11, 146 KO., § 13 Anf. G.). Die Kostenpflicht entsteht bedingt schon mit Prozeßbeginn. Sie wird durch die Erhebung der Klage, bzw. durch die Einlassung auf sie, nicht erst durch das Urteil erzeugt. Das Urteil stellt nur nach den §§ 91 ff. ZPO. fest, welche Partei und in welchem Umfange sie die Kosten des Rechtsstreits zu tragen hat.[3] Dementsprechend

---

[1] JAEGER, Anm. 3 zu § 85, S. 42 f. (2 Bd.), PETERSEN-KLEINFELLER, Anm. 5 zu § 85, S. 378.

[2] RG. in der J. W. 1894, S. 56.

[3] JAEGER, Anm. 2 zu § 59, S. 661 f., PETERSEN-KLEINFELLER, Anm. 4 zu § 59, S. 308, Anm. 11 zu § 3, S. 28, Anm. 2 zu § 62, S. 329, VON WILMOWSKI-KURLBAUM, Anm. 1 zu § 62, S. 274.

wird über die Kosten einheitlich entschieden (aber § 97 ZPO.), und die Pflicht zur Tragung der vor der Konkurseröffnung angefallenen Kosten beruht nicht etwa, wie vielfach angenommen wird, in einer „Billigung“ oder „Genehmigung“ der bisherigen Prozeßführung seitens des Konkursverwalters (gewiß kann sie in der Aufnahme liegen), welche die Prozeßaufnahme bedeute,[1] vielmehr darin, daß der Konkursverwalter die Veranlassung zur Erhebung der Klage aufrecht erhält.[2] Diese Ansicht bestätigt besonders auch der § 11 Abs. II: „Erkennt der Verwalter den Anspruch sofort an, so fallen ihm die Prozeßkosten nicht zur Last.“ Diese Bestimmung bezweckt, daß die Masse als solche keine Kosten tragen soll, wenn der Verwalter nicht durch Bestreiten des Klagegrundes die Fortsetzung des Prozesses veranlaßt.[3,4]

Kosten, die dem Gemeinschuldner schon vor der Konkurseröffnung etwa in einem vorläufig vollstreckbaren Urteil auferlegt sind, bilden den Gegenstand von bedingten Konkursforderungen. Bedingt sind sie dadurch, daß die Entscheidung rechtskräftig wird. Falls der Konkursverwalter aber den Streit aufnimmt und auch in der höheren Instanz unterliegt, erlangt die angemeldete Forderung wegen der früher erwachsenen Kosten die Eigenschaft eines Masseanspruchs aus dem § 59 Nr. 1.

Erkennt der Konkursverwalter den Hauptanspruch sofort an, bestreitet er aber die Pflicht des Gemeinschuldners zur Tragung der Kosten, über die noch nicht entschieden ist, so bilden die seither erwachsenen strittigen Kosten die Hauptsache. Unterliegt der Verwalter, so wird im Urteil die Kostenpflicht des Gemeinschuldners festgestellt, und die Kostenansprüche sind als bloße Konkursforderungen, nicht etwa aus dem Umstand, daß der Verwalter über sie prozessierte, als Masseansprüche des § 59 Nr. 1 anzusehen.

---

[1] Z. B. von Wilmowski-Kurlbaum, Anm. 1 zu § 62, S. 274, Wolff, KO., Anm., 6 zu § 3, S. 37 f.

[2] Jaeger, Anm. 2 zu § 59, S. 661.

[3] Wenn der Verwalter den Anspruch sofort anerkennt, ist der Kostenanspruch Konkursforderung.

[4] Motive, S. 43.

Die in diesem Verfahren aber entstehenden Kosten sind Masseschulden, falls der Verwalter verurteilt wird.[1]

Ebenso sind auch die durch die erfolglose Einlegung eines Rechtsmittels seitens des Konkursverwalters verursachten Kosten (§ 97 ZPO.) Masseschulden des § 59 Nr. 1.

Die Gebührenforderung des eigenen Anwalts des Gemeinschuldners, die vor und nach der Konkurseröffnung entstehen, sind Masseschulden, wenn der Konkursverwalter den Rechtsstreit aufnimmt, denselben Anwalt mit der Prozeßführung beauftragt und unterliegt.

Über diese Frage stehen sich zwei im Ergebnis auf das gleiche hinauslaufende Entscheidungen des Kammergerichts vom 9. Juni 1904 (OLG. Bd. 9, S. 166 f.) und des Oberlandesgerichts Königsberg vom 5. Februar 1910 (ZZP. Bd. 40, S. 513f.) in ihrer Begründung entgegen. Die Begründung des Oberlandesgerichts Königsberg[2] kann nicht als richtig erachtet werden, die des Kammergerichts entspricht im wesentlichen den voraufgegangenen Erörterungen.

Die Kosten aus dem Betreiben von Zwangsvollstreckungen durch den Konkursverwalter selbst fallen[3] nicht unter den § 59 Nr. 1. Sie sind Massekosten im Sinne von dem § 58 Nr. 2, weil sie ihrer Natur nach für die Sammlung und Verwertung der Masse entstehen. Bedient der Verwalter sich aber dabei einer fremden Person, z. B. eines Gerichtsvollziehers, so ist dessen

---

[1] Jaeger, Anm. 2 zu § 59, S. 661 f., Anm. 30 f. zu § 3, S. 58 f., KG. vom 13. VII. 1907, OLG. 15, S. 249, Dresden vom 8. XI. 1900, LZ. 1911, S. 79 und Jaeger, daselbst, S. 80, Oldenburg vom 13. VII. 1903, OLG. 10, S. 202 f.

[2] „Der beklagte Konkursverwalter hat dadurch, daß er den bisherigen Anwalt des Gemeinschuldners um neue Prozeßhandlungen ersuchte, zu erkennen gegeben, daß er auch die früher geleisteten Dienste im ganzen für die Masse genehmige, und daß er sie so gelten lassen wolle, als wären sie auf Grund eigenen Ersuchens geleistet. Diese Vertragsofferte hat Dr. G. (das war der Anwalt des Gemeinschuldners) angenommen. Hierin liegt eine Erneuerung des erloschenen Dienstvertrags durch den Konkursverwalter, wodurch die Gebührenforderung des Klägers (des Dr. G.) einen neuen Rechtsgrund und ihre Eigenschaft als Masseschuld erhielt."

[3] Gegen Wolff, S. 308.

Honorar Gegenstand eines Masseanspruchs auf Grund des § 59 Nr. 1.

Masseschulden sind endlich auch die aus der Haftung des Konkursverwalters ex lege entspringenden Verbindlichkeiten; das sind solche, „die ohne Rücksicht auf ein Verschulden des Haftenden oder seines Vertreters unmittelbar kraft Gesetzes entstehen, wenn die Haftung an ein Handeln des Konkursverwalters anknüpft und nicht etwa bloße Bereicherungshaftung im Sinne von dem § 59 Nr. 3 ist.“[1]

Einige Beispiele sollen diese Ausführung näher erläutern: Der Konkursverwalter ist verpflichtet, den durch die vorzeitige, zwar erlaubte Vollstreckung dem Gegner erwachsenen Schaden zu ersetzen, wenn das Recht zur Vollstreckung später wieder aufgehoben wird (siehe die §§ 302 Abs. IV, 600 Abs. II, 717 Abs. II, 945 ZPO.); ferner den Schaden zu ersetzen, der durch einen Betriebsunfall entsteht, wenn er den Eisenbahnbetrieb des Gemeinschuldners fortsetzt;[2] oder den, der dadurch entsteht, daß bei dem Fortbetrieb des Steinbruchs, Bergwerks, der Fabrik des Gemeinschuldners eine in dem § 2 des Haftpflichtgesetzes vom 7. Juni 1871 genannte Person verunglückt; oder den nach dem § 701 BGB. entstehenden Schaden, wenn er die Gastwirtschaft weiterführt.

Auch die Schadenersatzpflicht nach dem § 833 BGB. und dem § 7 des Gesetzes über den Verkehr mit Kraftfahrzeugen vom 3. Mai 1909 löst Masseverbindlichkeiten aus. Es ist jedoch strittig, ob diese unter die Masseschulden des § 59 Nr. 1 oder unter die Massekosten des § 58 Nr. 2 zu rechnen sind.

Die Haftung trifft in beiden Fällen den Halter des Tieres, bzw. des Kraftfahrzeugs. Deshalb ist zu untersuchen, wer als Halter in Frage kommt.

Nach den Motiven der Novelle zu dem Bürgerlichen Gesetzbuch vom 30. Mai 1908 (S. 8) und der ständigen Praxis des Reichsgerichts ist „Halter des Tieres, wer im eigenen Interesse durch Gewährung von Obdach und Unterhalt die Sorge für das

---

[1] Jaeger, Anm. 3 zu § 59, S. 662.

[2] § 1 des Haftpflichtgesetzes vom 7. Juni 1871.

Tier übernommen hat, und zwar nicht bloß zu vorübergehendem Zwecke, sondern auf einen Zeitraum von gewisser Dauer."[1] Eigentümer und Halter brauchen nicht dieselben Personen zu sein.

Analoges gilt für den Halter des Kraftfahrzeuges.

Nach dieser Auffassung ist Halter des Tieres wie des Kraftfahrzeuges der Gemeinschuldner, und die Halterschaft ist ein tatsächliches Verhältnis, aus dem, und nicht etwa aus einer Handlung des Konkursverwalters, die Haftung für den Schaden entspringt. Das tatsächliche Verhältnis kann zwar durch eine Willensbetätigung des Verwalters, etwa dadurch, daß er ein bei der Masse befindliches Tier nicht sofort veräußert, mit herbeigeführt werden, aber unmittelbar kausal für die Haftung im Sinne der Nr. 1 des § 59 ist sie nicht.

Die Schadenersatzverbindlichkeit gehört vielmehr zu dem allgemeinen Verwaltungsaufwand des § 58 Nr. 2,[2] ebenso wie die Ersatzforderung wegen Wildschadens aus einer zur Konkursmasse gehörigen Jagdberechtigung (§ 835 BGB.) und wegen des durch den Einsturz eines massezugehörigen Gebäudes oder eines anderen mit einem massezugehörigen Grundstücke verbundenen Werkes entstehenden Schadens (§§ 836—838 BGB.). Denn auch in den zuletzt genannten Schadenfällen entscheidet „nicht die Besitzergreifung oder Gewaltausübung des Verwalters"[2] — sondern die Massezugehörigkeit, also ein objektives Verhältnis.[2]

2. Die Masseschulden des § 59 Nr. 2.

„Masseschulden sind:

(Fall 1) die Ansprüche aus zweiseitigen Verträgen, deren Erfüllung zur Konkursmasse verlangt wird",

(Fall 2) die Ansprüche aus zweiseitigen Verträgen, deren Erfüllung „für die Zeit nach der Eröffnung des Verfahrens erfolgen muß."

In Betracht kommen die vollkommen zweiseitigen Verträge (contractus bilaterales aequales oder synallagmatische oder gegenseitige Verträge, siehe die §§ 320ff. BGB.). Das sind solche Ver-

---

[1] RG. vom 3. VII. 1902, Bd. 52, S. 117, RG. vom 6. VI. 1904 in der J. W. 1904, S. 408, RG. vom 15. II. 1906 in der J. W. 1906, S. 197.

[2] Jaeger, Anm. 3 zu § 59, S. 662 f.

träge, die von vornherein beide Teile zu Leistungen verpflichten in der Art, daß Leistung und Gegenleistung einander bedingen (z. B. Kauf: §§ 433ff., Tausch: § 515, Miete: §§ 535ff., Pacht: §§ 581ff., Dienstvertrag: §§ 611ff., Werkvertrag: §§ 631ff. BGB. u. a.).

Die Verträge sind begründet in der Zeit vor der Eröffnung des Konkursverfahrens.

Fall 1: Unter den Fall 1 des § 59 Nr. 2 gehören die Ansprüche aus denjenigen zweiseitigen Verträgen, die zur Zeit der Konkurseröffnung nicht oder nicht vollständig vom Gemeinschuldner und dem Vertragsgegner erfüllt sind,[1] deren Erfüllung aber zur Konkursmasse verlangt wird (§§ 17ff.).

Ihre Erfüllung wird durch die Konkurseröffnung gehemmt. Der durch ausdrückliche oder konkludente Handlung erfolgende Eintritt des Konkursverwalters in den Vertrag beseitigt das Hemmnis der Erfüllung, und die vertragsmäßigen Rechte und Pflichten leben in der ursprünglichen Weise fort. Der Verwalter hat „an Stelle des Gemeinschuldners" (§ 17), d. h. als dessen gesetzlicher Vertreter[2] die Erfüllung so zu bewirken und zu beanspruchen wie der Gemeinschuldner, wenn das Konkursverfahren nicht eröffnet worden wäre.[3]

Die Ansprüche des anderen Teils aus dem Vertrag werden infolge des Erfüllungsbegehrens des Konkursverwalters Masseansprüche; Haupt-, Neben- und Ersatzansprüche z. B. auf Grund der §§ 281, 323 Abs. II, 326, 434ff., 459ff., 633ff. BGB.) haben gleichen Rang. Masseansprüche werden aber nicht nur die nach der Konkurseröffnung, bzw. nach dem Erfüllungsbegehren des Konkursverwalters fälligen Ansprüche, sondern auch etwaige aus selbständigen Leistungen des Gemeinschuldners vor der Konkurseröffnung. Unrichtig ist die Ansicht der Motive (S. 245 und von Petersen-Kleinfeller (Anm. 8 zu § 59, S. 309), daß beispielsweise Mängelansprüche aus einer Leistung des Gemeinschuldners vor der Konkurseröffnung Konkursforderungen seien. Denn, wie schon ausgeführt wurde, wirkt infolge des Eintritts

[1] Jaeger, Anm. 10ff. zu § 17, S. 191 f.

[2] RG. vom 24. I. 1903, Bd. 53, S. 352.

[3] Jaeger, Anm. 34 zu § 17, S. 200f.

des Verwalters der Vertrag in seinem vollen Umfang. Frühere nicht gehörige Erfüllung von Teilleistungen bedeutet unvollständige Erfüllung des ganzen Vertrags.[1]

Eine Besonderheit gilt nur für Verträge, deren Erfüllung nach dem Leistungsgegenstand und dem Willen der Kontrahenten beiderseits teilbar ist. Tritt der Konkursverwalter in einen solchen Vertrag ein, so können etwaige Ansprüche aus den Teilleistungen nicht als Masseansprüche gegen ihn geltend gemacht werden. Der Vertrag ist vielmehr soweit erledigt,[2] als sich Leistung und Gegenleistung entsprachen.

Nach denselben Grundsätzen ist der eigentliche Sukzessivlieferungsvertrag zu beurteilen. Auch er ist soweit erfüllt, als selbständige, einander gleichwertige Leistungen vor der Konkurseröffnung erbracht sind. Hat dagegen der Vertragsgegner einzelne Raten geleistet, der Gemeinschuldner aber nicht die entsprechenden Gegenleistungen, und fordert der Konkursverwalter die Vertragserfüllung, so werden nach den allgemeinen Regeln nicht nur die Gegenansprüche für die Leistungen nach, sondern auch für die vor der Konkurseröffnung Masseansprüche. Denn sämtliche Leistungen bilden eine Kette, die ihren Ursprung in dem Vertrag als einem einheitlichen Verpflichtungsgrund hat.[3,4]

Einen besonderen Fall eines Masseanspruchs des § 59 Nr. 2 regelt der § 36 Abs. II des Gesetzes über das Vorlagsrecht vom 19. Juni 1901 für den Konkurs des Verlegers:

„Besteht der Konkursverwalter auf der Erfüllung des Vertrags, so tritt, wenn er die Rechte des Verlegers auf einen anderen

---

[1] Jaeger, Anm. 6 zu § 59, S. 664, von Wilmowski-Kurlbaum, Anm. 4 zu § 17, S. 96 f., Wolff, S. 313, von Sarwey-Bossert, Anm. 2b zu § 17, S. 100 f.

[2] Jaeger, Anm. 16 zu § 17, S. 194, Kohler, Lehrbuch, S. 137, Düringer, Anm. 268, S. 221; abweichend Petersen-Kleinfeller, Anm. 7 zu § 17, S. 194, von Wilmowski-Kurlbaum, Anm. 8 zu § 17, S. 98.

[3] Jaeger, Anm. 18 zu § 17, S. 195, Düringer, S. 222.

[4] Anfechtung wegen Irrtums über den Vertragsinhalt: Jaeger, Anm. 30 zu § 17, S. 199.

überträgt, dieser an Stelle der Konkursmasse in die sich aus dem Vertragsverhältnis ergebenden Verpflichtungen ein. Die Konkursmasse haftet jedoch, wenn der Erwerber die Verpflichtungen nicht erfüllt, für den von dem Erwerber zu ersetzenden Schaden wie ein Bürge, der auf die Einrede der Vorausklage verzichtet hat. Wird das Konkursverfahren aufgehoben, so sind die aus dieser Haftung sich ergebenden Ansprüche des Verfassers gegen die Masse sicherzustellen."

Besteht der Konkursverwalter auf Erfüllung des Vertrags, ohne die Rechte des Verlegers auf einen anderen zu übertragen, so sind die Ansprüche aus dem Vertrage gegen ihn gewöhnliche Masseansprüche des § 59 Nr. 2 (Fall 1).

Die aus der selbstschuldnerischen Bürgschaft der Konkursmasse wegen Nichterfüllung oder nicht gehöriger Erfüllung seitens des Dritten möglicherweise für die Masse folgenden Verbindlichkeiten sind bedingte Masseansprüche (beachte Schlußsatz des § 36 a. a. O.).

Hellmann rechnet (S. 199) die Masseansprüche auf Grund des § 36 a. a. O. zu Unrecht unter den § 59 Nr. 1, indem er die Masseschuldeigenschaft auf die Veräußerung der Rechte aus dem Verlagsvertrag zurückführt. Die Möglichkeit, die Rechte aus dem Vertrag zu veräußern, setzt indes die Aufnahme desselben durch den Verwalter voraus. Deshalb handelt es sich um Masseschuldansprüche des § 59 Nr. 2.

Erleidet der Vertragsgegner dadurch, daß der Konkursverwalter die Vertragserfüllung ablehnt, einen Schaden, so kann er einen Ersatzanspruch nur als Konkursforderung geltend machen (Jaeger, Anm. 43 zu § 17, S. 204). Weder der § 59 Nr. 2 noch Nr. 1 sind infolge der Spezialvorschrift des § 26 anwendbar.

Der Fall 2 behandelt im Gegensatz zu dem Fall 1 des § 59 Nr. 2 nicht Verträge, deren Erfüllung sich regelmäßig in einmaliger Leistung des Vertragsgegenstands (z. B. Hingabe des gekauften Pferdes) erschöpft, sondern Verträge, die dauernde Schuldverhältnisse (sogen. Zustandsobligationen) begründen (besonders Miet-, Pacht-, Gesellschaftsverträge). Auf ihren Lauf hat die Konkurseröffnung keinen Einfluß.

Weil die Erfüllung dieser Verträge kraft Gesetzes (siehe die

§§ 19, 21, 25, 27, 28), also auch ohne Eintritt des Verwalters in das Vertragsverhältnis,[1] „für die Zeit nach der Eröffnung des Verfahrens erfolgen muß", haben die Gegenansprüche aus ihnen die Natur der Masseschuldansprüche.

Ohne Belang für ihre konkursrechtliche Qualität ist ihre Fälligkeit.[2] Ist z. B. der Mietzins im voraus zu zahlen, und wird während einer Zahlungsperiode der Konkurs eröffnet, so ist der Anspruch auf den ausstehenden Mietzins für die Überlassung des Gebrauchs der Mietsache vor der Konkurseröffnung Konkursforderung, für die Überlassung des Gebrauchs der Mietsache während des Verfahrens Masseschuldanspruch.

Analoges gilt für den Fall, daß das Mietgeld nach Ablauf einer Mietperiode zu zahlen und der Konkurs während dieser eröffnet worden ist. Auch hier ist der Mietgeldanspruch für die Zeit der Überlassung vor der Konkurseröffnung Konkursforderung (unberührt bleibt das Recht auf abgesonderte Befriedigung gemäß dem § 49 Nr. 2), für die Gebrauchsüberlassung während des Konkursverfahrens Masseanspruch.

Ersatzansprüche aus nichtgehöriger Erfüllung nach der Konkurseröffnung sind Masseansprüche wie der Hauptanspruch.

Der Anspruch des Verpächters wegen Verschlechterung der Pachtsache und wegen Abgängen ist bloße Konkursforderung, soweit er aus der Zeit vor der Konkurseröffnung, Masseanspruch, soweit er aus der Zeit nach ihr herrührt (siehe die §§ 586 ff. BGB.).[3]

Masseansprüche sind auch die Ersatzforderungen, die durch die nicht ordnungsgemäße Herausgabe der Miet- oder Pachtsache seitens des Konkursverwalters entstehen (§§ 557, 581 BGB.).

Hat der Pächter nach der Konkurseröffnung nach den Regeln einer ordnungsgemäßen Wirtschaft das Pachtinventar ergänzt (§ 588 Abs. II BGB.), so kann er den Anspruch auf Ersatz des

---

[1] RG. vom 10. VII. 1903, Bd. 55, S. 267.

[2] Jaeger, Anm. 7 zu § 59, S. 664, Motive, S. 245.

[3] Oldenburg vom 30. XII. 1901, OLG. 4, S. 163, Jaeger, Anm. 7 zu § 59, S. 664, Willenbücher, Anm. 7 zu § 59, S. 129, Seuffert, S. 245.

Mehrwertes (§ 589 Abs. III BGB.) im Konkurse des Verpächters als Masseanspruch verfolgen.[1]

Der Anspruch auf Rückgabe der von dem Pächter geleisteten Kaution ist Gegenstand einer bloßen Konkursforderung, da er suspensiv bedingt[2,3] schon mit der vor der Konkurseröffnung erfolgten Hingabe der Kaution entstanden und seiner Natur nach nicht ein Ausfluß der Erfüllung des Vertrags, sondern eine Sicherheit für den vertragsmäßigen Gebrauch und ordnungsmäßige Rückgabe der Pachtsache bei Beendigung des Vertragsverhältnisses darstellt.

Eine Zustandsobligation erzeugt auch der Dienstvertrag. Die für die nach der Konkurseröffnung geleisteten oder vertragsmäßig zu leistenden Dienste zu berichtigenden Ansprüche sind ohne Unterschied, ob der Vertrag zur Zeit der Konkurseröffnung aufgekündigt ist oder nicht, Masseansprüche.

Die Leistungen aus dem Dienstvertrag brauchen der Konkursmasse nicht zugute zu kommen. Denn — diese Erwägung gilt auch für den Geschäftsbesorgungs- und Gesellschaftsvertrag — der Fall 2 der Nr. 2 des § 59 fordert nicht wie der Fall 1 die Erfüllung des Vertrags „zur Konkursmasse".[4,5] Weder der § 22 noch der § 59 Nr. 2 setzen voraus, daß der Konkursverwalter die Dienste abnehmen will oder kann.[6]

Ein vom Gemeinschuldner erteilter, auf massezugehörige Gegenstände bezüglicher Auftrag, durch den sich jemand verpflichtet, ein Geschäft für den Gemeinschuldner zu besorgen, erlischt durch die Konkurseröffnung (§ 23). Der Vertragsgegner hat aber die übertragenen Geschäfte weiter zu besorgen, bis der Konkursverwalter anderweit Fürsorge treffen kann, falls

---

[1] von Wilmowski-Kurlbaum, Anm. 5 zu § 59, S. 261, Willenbücher, Anm. 7 zu § 59, S. 128 f.

[2] Jaeger, Anm. 8 zu § 59, S. 664, Wolff, S. 315 f.

[3] Bedingt dadurch, daß der Vertrag durch den Pächter nicht verletzt wird.

[4] Vgl. Wortlaut des Gesetzes.

[5] Anderer Meinung z. B. Wolff, S. 318.

[6] Jaeger, Anm. 4 zu § 22, S. 245; siehe auch RG. vom 10. VII. 1903, Bd. 55, S. 267.

mit dem Aufschub Gefahr verbunden ist (§ 672 Satz 2 BGB.). Deshalb entspricht es der Billigkeit, die Ersatzansprüche aus der Geschäftsbesorgung als Masseansprüche gelten zu lassen (§ 27, Novelle 1898).

Bezüglich des Auftrags ist noch zu bemerken, daß er zwar nur ein unvollkommen zweiseitiges Vertragsverhältnis begründet. Da aber die Ersatzansprüche aus ihm denjenigen aus dem Dienstvertrag ähnlich gelagert sind, sind auch sie als Masseansprüche der Nr. 2 des § 59 zu betrachten.

Von Wilmowski-Kurlbaum (Anm. 2 zu § 27, S. 126) rechnen sie unter den § 59 Nr. 1, da der Beauftragte nach der Konkurseröffnung Beauftragter des Konkursverwalters sei. Das ist nicht richtig. Denn nach dem § 672 BGB. (Schlußsatz) gilt der Auftrag für die Besorgung unaufschiebbarer Geschäfte als fortbestehend. Daher ist auch die dem Auftrag zugrunde liegende Vertretungsmacht auf den Gemeinschuldner, der sie erteilt hat, nicht auf den Konkursverwalter zurückzuführen (§ 168 BGB.!).[1]

Die praktische Tragweite dieser Auffassung kommt in der Frage zum Ausdruck, in welchem Umfang der Gemeinschuldner durch die Handlungen des Beauftragten verpflichtet wird. Nach der hier (siehe auch oben S. 7 ff.) vertretenen Ansicht haftet er mit der Konkursmasse und seinem konkursfreien Vermögen.

Wird eine nach dem § 705 BGB. eingegangene Gesellschaft durch die Eröffnung des Konkurses über das Vermögen eines Gesellschafters aufgelöst (§ 728 BGB.) — ihr Fortbestand unter den übrigen Gesellschaftern kann gemäß dem § 736 BGB. vereinbart werden —, so ist der geschäftsführende, bzw. sind die übrigen Gesellschafter verpflichtet, die Geschäfte der Gesellschaft einstweilen fortzuführen, bis der Konkursverwalter gemeinschaftlich mit den übrigen Gesellschaftern anderweit Fürsorge treffen kann (§§ 728, 727 Abs. II BGB.). Die Ansprüche aus der einstweiligen Fortführung der Geschäfte sind Masseansprüche (§ 28), ebenso wie die in dem § 27 geregelten. Sie umfassen Ersatz- und Vergütungsansprüche, falls der Gesellschaftsvertrag eine Vergütung

[1] Jaeger, Anm. 16 zu § 23, S. 259.

vorsieht, da die Vergütung die unmittelbare Folge der durch die Notlage erforderlichen Geschäftsfortführung ist.

Auf die offene Handelsgesellschaft, die wie die Gesellschaft des § 705 BGB. durch die Eröffnung des Konkurses über das Vermögen eines Gesellschafters aufgelöst wird (§ 131 Ziffer 5 HGB.), ist der § 28 entsprechend anzuwenden (vgl. die §§ 105, 137 HGB. mit §§ 728, 727 BGB.); ebenso auf die Kommanditgesellschaft (§§ 161 Abs. II mit 131 Ziffer 5 HGB.) und auf die Kommanditgesellschaft auf Aktien (§§ 330 Abs. I, 161 Abs. II, 131 Ziffer 5 HGB.). Auch für die stille Gesellschaft ist der § 28 maßgebend (§§ 335 ff. HGB.).

Auf den Verein ohne Rechtsfähigkeit, der zwar im allgemeinen unter Gesellschaftsrecht steht (§ 54 BGB.), kann der § 28 nicht ausgedehnt werden, da der Konkurs über das Vermögen eines Vereinsmitglieds den Bestand des Vereins, der ja vom Wechsel der Mitglieder unabhängig ist, nicht berührt.[1]

Unter den Fall 2 des § 59 Nr. 2 fallen auch Ansprüche aus anderen als im 2. Titel der Konkursordnung behandelten zweiseitigen Vertragsverhältnissen,[2] namentlich Gütergemeinschaftsverhältnissen, z. B. ist ein nach der Konkurseröffnung über das Vermögen eines Gewerken durch Gewerkschaftsbeschluß festgesetzter Beitrag Gegenstand eines Masseschuldanspruchs.[3]

Nach dem § 18 des Gesetzes über den Versicherungsvertrag vom 30. Mai 1908 endigt das Versicherungsverhältnis mit dem Ablauf eines Monats seit der Eröffnung des Konkursverfahrens über das Vermögen der Versicherungsgesellschaft.[4] Tritt während dieses Monats ein Schadenfall ein, so hat der Versicherungsnehmer einen Masseschuldanspruch aus dem § 59 Nr. 2, Fall 2.

---

[1] Jaeger, Anm. 6 zu § 28, S. 299.

[2] Motive, S. 245, von Wilmowski-Kurlbaum, Anm. 4 zu § 59, S. 260.

[3] von Sarwey-Bossert, Anm. 4 zu § 59, S. 279, Petersen-Kleinfeller, Anm. 9 zu § 59, S. 310.

[4] Durch die Eröffnung des Konkursverfahrens über das Vermögen einer Lebensversicherungsgesellschaft erlischt das Versicherungsverhältnis sofort (§§ 61, 63 Priv.-Vers.-Unt.-G.). Die Ansprüche der Versicherungsnehmer sind bloße Konkursforderungen.

3. Die Masseschulden des § 59 Nr. 3.

„Masseschulden sind: 3. die Ansprüche aus einer rechtlosen Bereicherung der Masse."

Diese Ansprüche setzen zweierlei voraus:

a) Bereichert muß die Konkursmasse sein, nicht das konkursfreie Vermögen des Gemeinschuldners, nicht sein Vermögen schon vor der Konkurseröffnung.

Eine ungerechtfertigte Bereicherung vor der Konkurseröffnung zugunsten des Gemeinschuldners begründet nur eine Konkursforderung (§ 3), selbst dann, wenn der Bereicherungsgegenstand noch erkennbar in der Masse wäre[1] (aber der § 46). Eine ungerechtfertigte Bereicherung zugunsten des konkursfreien Vermögens erzeugt auch keine Konkursforderung (§ 3).

b) Die Bereicherung muß ohne Rechtsgrund erfolgt sein. Die Tatsache, daß die Masse auf Kosten eines anderen bereichert ist, genügt nicht. Ob die Bereicherung eine rechtlose ist, bestimmt sich nach dem bürgerlichen Recht.

Das Bürgerliche Gesetzbuch unterscheidet folgende Hauptfälle der ungerechtfertigten Bereicherung:

Condictio indebiti: Ein vermeintlicher Schuldner berichtigt eine Nichtschuld (§ 813).

Condictio ob causam finitam: Der rechtliche Grund, der bei der Leistung an die Masse noch besteht, fällt später weg; z. B. es wird nach der Konkurseröffnung an den Konkursverwalter unter einer auflösenden Bedingung geleistet und die Bedingung tritt ein; oder die aus einem gegenseitigen Vertrag dem Gemeinschuldner obliegende Leistung wird aus einem Umstand unmöglich, den weder er, bzw. der Konkursverwalter, noch der andere Teil zu vertreten hat, der Vertragsgegner hat aber schon zur Masse geleistet (§ 323 Abs. III BGB.). Siehe auch beispielsweise die §§ 528, 531, 1301, 1584 BGB.

Fällt der Rechtsgrund einer vor der Konkurseröffnung erbrachten Leistung während des Verfahrens weg, so hat der Benachteiligte eine bloße Konkursforderung.

Condictio causa data causa non secuta: „Der mit

---

[1] Siehe Motive, S. 246, Jaeger, Anm. 10 zu § 59, S. 665, Wolff, S. 320.

einer Leistung nach dem Inhalt des Rechtsgeschäfts bezweckte Erfolg“ tritt nicht ein (§ 812 Abs. I Satz 2). Der Zweck muß dabei objektiver Bestandteil des Rechtsgeschäfts sein; bloß einseitiger Wunsch genügt nicht. Es stellt z. B. jemand zugunsten der Masse einen Wechsel für eine Schuld aus, die erst entstehen soll, und der Wechsel wird eingelöst, ohne daß die Schuld begründet wird.

Der Konkursverwalter verfügt, ohne zur Verfügung berechtigt zu sein, rechtswirksam gegen den Berechtigten und erlangt etwas für die Masse oder an den nichtberechtigten Konkursverwalter wird eine Leistung bewirkt, die dem Berechtigten gegenüber wirksam ist (§ 816); z. B. der Konkursverwalter veräußert eine in der Masse befindliche, aber dem Gemeinschuldner nicht gehörige Sache, die er für massezugehörig hält, und vermengt den Erlös ununterscheidbar mit Massegeld, ohne daß ihn ein Verschulden trifft. Anders liegt der Fall, wenn der Konkursverwalter erkennen konnte, aber nicht erkannt hat, daß es sich um einen fremden Vermögensgegenstand handelt,[1] der Dritterwerber aber in seinem guten Glauben geschützt ist (§§ 932, 935 BGB.). Hier haftet die Konkursmasse aus dem § 59 Nr. 1 wegen des Verschuldens des Verwalters (z. B. § 989 BGB.).[2]

Condictio ob turpem causam: Der Zweck einer Leistung ist in der Art bestimmt, daß der Empfänger (also der Konkursverwalter) durch die Annahme gegen ein gesetzliches Verbot oder gegen die guten Sitten verstoßen hat (§ 817).

Condictio sine causa im engeren Sinn: Darunter sind sonstige Fälle rechtloser Bereicherung zu verstehen.

Den Umfang der Bereicherungshaftung bestimmen die §§ 812 und 818 ff. BGB.: Herauszugeben ist das Erlangte in natura, die gezogenen Nutzungen und das, was der Konkursverwalter auf Grund eines erlangten Rechts oder als Ersatz für die Zerstörung, Beschädigung oder Entziehung des erlangten Gegenstands erwirbt. Ist aber die Herausgabe wegen der Be-

---

[1] Z. B. da ein Rechtsstreit über die Massezugehörigkeit schwebte.

[2] Jaeger, Anm. 12 zu § 59, S. 667.

schaffenheit des Erlangten nicht möglich oder ist der Konkursverwalter aus einem anderen Grund zur Herausgabe außerstande, so ist der Wert zu ersetzen. Die Verpflichtung zur Herausgabe oder zum Wertersatz hört auf, sobald die Konkursmasse nicht mehr bereichert ist. Die Haftung wird aber verschärft mit dem Eintritt der Rechtshängigkeit des Anspruchs.

Nr. 3 und Nr. 1 des § 59 schließen sich aus. Keine Masseschuld fällt zugleich unter beide Nummern. Zwar können beide Arten von Masseschuldansprüchen vielfach auf Handlungen des Konkursverwalters zurückgeführt werden.

Die Haftung der Masse im Sinn der Nr. 1 ist die weitere. Sie umfaßt die Handlung des Konkursverwalters in ihrer ganzen Tragweite. Die Haftung im Sinn der Nr. 3 dagegen ist bloße Bereicherungshaftung.

Die Masseschuldansprüche aus den §§ 7 Abs. II, 38 Satz 1, 147 Satz 2 KO. und aus dem § 13 Abs. I Satz 2 Anf.G. sind keine selbständigen, sondern nur Anwendungsfälle des § 59 Nr. 3.

4. Die Masseschulden des § 224.

Die Novelle zur Konkursordnung vom 17. Mai 1897 hat den Kreis der Masseschuldansprüche erweitert, indem sie den § 224 neu in das Gesetz einfügte.

Die besonderen Masseschulden des Nachlaßkonkurses treten neben die im § 59 aufgezählten des Regelkonkurses.[1]

Sie sind wie jene vor den Konkursforderungen zu berichtigen (§ 57), da auch sie im wesentlichen auf Handlungen beruhen, die der Erbschaft und damit der Gesamtheit der Konkurs-Gläubiger zugute kommen.[2]

Unter sich haben die Massegläubiger des § 224 ebenso wie die des § 59 gleichen Rang. Im Fall der Unzulänglichkeit der Masse zur Befriedigung aller Massegläubiger werden auch sie vor den Massekostengläubigern befriedigt.

Masseschulden sind nach dem § 224:

---

[1] Verb. „außer“ im § 224 Abs. I.; JAEGER, Anm. 11 zu § 224, S. 889.

[2] Wegen der bevorzugten Befriedigung der Kostenansprüche aus der Beerdigung des Erblassers siehe unter 2. dieses Abschnittes.

Nr. 1. „Die dem Erben nach den §§ 1978, 1979 des Bürgerlichen Gesetzbuchs aus dem Nachlaß zu ersetzenden Aufwendungen.“

Das sind Aufwendungen vor und nach der Erbschaftsannahme bis zur Eröffnung des Nachlaßkonkurses, die im Interesse der Verwaltung des Nachlasses notwendig werden. Sie sind ihm für die Zeit vor der Erbschaftsannahme nach den Rechtsätzen über die negotiorum gestio (§ 1978 BGB.), für die Zeit nach ihr nach den Rechtssätzen über den Auftrag (§ 1979 BGB.) zu ersetzen (siehe auch die §§ 670, 683 BGB.).

Ersatzansprüche wegen Berichtigung von Nachlaßverbindlichkeiten (§ 1967 BGB.) kann der Erbe nicht unbeschränkt als Masseansprüche verfolgen. Er kann vielmehr seine Aufwendungen nur dann als Masseansprüche geltend machen, wenn er bei der Berichtigung nach den Umständen annehmen durfte, daß der Nachlaß zur Berichtigung aller Verbindlichkeiten ausreichen werde. Denn nur dann brauchen die Nachlaßgläubiger seine Aufwendungen als für Rechnung des Nachlasses erfolgt gelten zu lassen (§ 1979 BGB.).

Der Inhalt des Ersatzanspruchs des Erben wird im einzelnen in den §§ 256, 257 BGB. geregelt.

Nr. 2. „Die Kosten der standesmäßigen Beerdigung des Erblassers.“

Die Pflicht, die Beerdigungskosten zu tragen, obliegt dem Erben (§ 1968 BGB.). Die Erklärung der Kosten für die Beerdigung des Erblassers zu Masseschulden rechtfertigt sich dadurch, daß man annahm, eine standesmäßige Beerdigung gebiete das öffentliche Interesse und die Volksanschauung;[1,2] man sah sie in Frage gestellt, wenn bei schlechter Vermögenslage des Erblassers die Gläubiger befürchten müßten, mit ihren Kostenansprüchen auszufallen.[3]

---

[1] Motive zur Novelle von 1897, S. 50.

[2] „Richtiger wäre eine Verweisung auf l. 45 D. de relig. 11. 7; l. 17 pr. D. de reb. auct. ind. 42. 5 und auf deutsche Partikularrechte, die diese Kosten privilegierten. Vgl. Stobbe: Z. Gesch. d. ält. d. Konk. Proz., S. 59, Note 175.“ (Seuffert, S. 248.)

[3] Ob die Beerdigungskosten nicht systematisch richtiger unter die Massekosten zu rechnen wären, siehe Jaeger, Anm. 6 zu § 224, S. 886 f.

Unerheblich für die Beurteilung der Masseschuldeigenschaft ist' es, ob der Konkurs vor oder nach der Beerdigung eröffnet wird.

Den Gegenstand dieses Masseschuldanspruchs bilden die Kosten der standesmäßigen Beerdigung und nur sie. Standesmäßig ist die der Lebensstellung des Erblassers gebührende (§ 1610 BGB.) und nach ihr übliche Beerdigung.

Auf den Aufwand für das Begräbnis hat der Vermögenszusammenbruch regelmäßig keinen oder nur geringen Einfluß, zumal er gar nicht vom Erblasser verschuldet zu sein braucht und auch seine Lebensstellung weniger auf seinen Vermögensverhältnissen als vielmehr auf seiner Persönlichkeit und seinem Beruf basiert.

Die Höhe der Kosten richtet sich nach der Art des Begräbnisprunkes. Regelmäßig gehören zu ihnen die für die Leichenschau, Leichenhaus, Sarg, Grabstätte, für Blumen am Sarg und Grab, für Ausschmückung der Leichenhalle, Trauergeläute, Hausandacht, Gottesdienst, Trauergefolge usw. Möglicherweise sind auch die Kosten der Trauerkleider der Hinterbliebenen und für den Leichenschmaus Masseschulden. Die Kosten des Grabdenkmals und den durch die Feuerbestattung erforderlichen Mehraufwand nicht unter Nr. 2 des § 224 zu rechnen,[1] entspricht nicht den Umständen des Einzelfalls, besonders da die Feuerbestattung möglicherweise im öffentlichen Interesse geboten und auch infolge der in den letzten Jahren zahlreich errichteten Krematorien mehr und mehr eine vielerorts übliche Bestattungsform werden wird.

Massegläubiger der in Nr. 2 des § 224 aufgeführten Masseschulden kann jeder sein, dem unmittelbar oder mittelbar[2] durch die standesmäßige Beerdigung des Erblassers ein Kostenanspruch erwachsen ist.

Nr. 3. „Die im Falle der Todeserklärung des Erblassers dem Nachlaß zur Last fallenden Kosten des Verfahrens.“

Darunter gehören die durch die zweckentsprechende Durch-

---

[1] Gegen Jaeger, Anm. 4 zu § 224, S. 886.

[2] Z. B. die Gemeinde, die die Kosten vorläufig bestreitet.

führung des Aufgebotsverfahrens (vgl. die §§ 13—19 BGB., den § 960 ZPO.) verursachten Kosten (§ 971 ZPO.), deren Höhe je nach der Lagerung des einzelnen Falls verschieden ist (siehe auch den § 40 Geb. O. f. RA. und den § 44 GKG.). Die Höhe des Erstattungsanspruchs des Antragstellers wegen der ihm erwachsenen Kosten ist im Streitfall durch das Prozeßgericht festzustellen.

Gläubiger dieser Masseschulden kann auch jeder sein, der aus der zweckdienlichen Durchführung des Verfahrens einen Anspruch hat (z. B. Antragsteller, Gerichtskosteneinnahme).

Die einmal als Masseschuldansprüche entstandenen Ansprüche verlieren ihre Eigenschaft nicht, wenn sich der für tot Erklärte meldet.

Nr. 4. „Die Kosten der Eröffnung einer Verfügung des Erblassers von Todes wegen" (§§ 2259ff., 2273, 2300 BGB., §§ 72ff. FGG.),

„der gerichtlichen Sicherung des Nachlasses" (§ 1960, bes. Abs. II BGB., a. 140 EG. BGB., §§ 72ff. FGG.),

„einer Nachlaßpflegschaft" (§§ 1960—62, 1975, 1981ff. BGB.),

„des Aufgebots der Nachlaßgläubiger (§ 1970 BGB., §§ 989ff. ZPO., siehe besonders den § 993 ZPO. mit den §§ 138ff. KO.)

„der Inventarerrichtung" (§§ 1993ff., 1960 Abs. II BGB.).

Gläubiger aus diesen Ansprüchen kann jeder sein.

Nr. 5. „Die Verbindlichkeiten aus den von einem Nachlaßpfleger oder einem Testamentsvollstrecker vorgenommenen Rechtsgeschäften."

Die Nr. 5 des § 224 ist eine Parallele zu dem § 59 Nr. 1. Auf die Ausführungen auf S. 19ff. wird daher im allgemeinen Bezug genommen und dazu ausdrücklich hervorgehoben, daß „Rechtsgeschäfte" im § 224 Nr. 5 Rechtsgeschäfte und Rechtshandlungen umfassen, da kein Grund für eine Beschränkung der Verbindlichkeiten auf die lediglich aus den Rechtsgeschäften sich ergebenden vorliegt.[1] Auch die Verbindlichkeiten, die die Nach-

[1] Jaeger, Anm. 9 zu § 224, S. 888 f., Wolff, KO , Anm. 6 zu § 224, S. 444.

laßverwaltung notwendig macht, fallen unter Nr. 5. Denn auch die Nachlaßverwaltung ist eine Nachlaßpflegschaft im weiteren Sinne.

Die aus den Rechtsgeschäften und Rechtshandlungen des Nachlaßkonkursverwalters entstehenden Verbindlichkeiten sind Masseschulden gemäß dem § 59 Nr. 1.

Gläubiger kann wie aus den Verbindlichkeiten unter 2—4 jeder, auch der Erbe sein.

Nr. 6. „Die Verbindlichkeiten, welche für den Erben gegenüber einem Nachlaßpfleger, einem Testamentsvollstrecker oder einem Erben, der die Erbschaft ausgeschlagen hat, aus der Geschäftsführung dieser Personen entstanden sind, soweit die Nachlaßgläubiger verpflichtet sein würden, wenn die bezeichneten Personen die Geschäfte für sie zu besorgen gehabt hätten" (§§ 1960 Abs. II, 1985 mit dem § 1915 und dem § 1835; §§ 2218, 670, 1959 Abs. I, 683 BGB.; siehe auch die §§ 1836, 1915, 1987, 2221 a. a. O. [Entgelt der drei Erstgenannten.]).

Auf Grund der Nr. 6 des § 224 wird möglicherweise das Honorar, welches der Erblasser im Testament auf einen bestimmten Betrag festgesetzt hat, gekürzt (siehe den Schlußsatz der Nr. 6).

Der im allgemeinen beschränkt haftende Erbe kann, wenn er eine in Nr. 6 genannte Masseschuld aus seinem eigenen Vermögen berichtigt hat, als Massegläubiger nach dem § 224 Nr. 1 auftreten (§ 225).

5. Die Masseschulden des § 236 mit § 224.

Nach dem § 236 sind auf das Konkursverfahren der fortgesetzten Gütergemeinschaft die §§ 214—234 entsprechend anzuwenden. Daher sind in diesem Konkursverfahren die Verbindlichkeiten, die den im § 224 aufgezählten entsprechen, auch Masseschulden.

An die Stelle des Erben tritt im Konkurs über das Gesamtgut der fortgesetzten Gütergemeinschaft der überlebende Gatte.

6. (Anhang.) Die Masseschulden in dem § 95 des vorläufigen[1] Entwurfs eines preußischen Gesetzes über Familienfideikommisse.

„Masseschulden sind außer den in § 59 der Konkursordnung bezeichneten Verbindlichkeiten:

1. die Aufwendungen, die dem Fideikommißbesitzer zu ersetzen sein würden, wenn der Nachfolgefall mit der Konkurseröffnung eingetreten wäre;

2. die Kosten einer Sicherung des Familienfideikommisses und einer Fideikommißpflegschaft;

3. die Verbindlichkeiten aus den von einem Fideikommißpfleger vorgenommenen Rechtsgeschäften;

4. die Verbindlichkeiten, welche für den Fideikommißbesitzer oder einem zum Fideikommißbesitz berufenen Anwärter, der das Familienfideikommiß ausgeschlagen hat, aus deren Geschäftsführung entstanden sind, soweit die Konkursgläubiger verpflichtet sein würden, wenn die bezeichneten Personen die Geschäfte für sie zu besorgen gehabt hätten.“

Dazu schreibt die amtliche Begründung (S. 139): „Die Erweiterung der Masseschulden ist im Anschluß an die Bestimmungen über den Nachlaßkonkurs (§ 224 KO.) unter dem Gesichtspunkt erfolgt, daß die Konkursgläubiger nicht zum Nachteil eines anderen, sei es des bisherigen Fideikommißbesitzers, sei es anderer Personen, rechtlos bereichert werden dürften (§ 95 Nr. 1 bis 4).“ Sie klingt darin an die Motive der Novelle zur Konkursordnung vom 17. Mai 1897 (S. 50) an.

Hierzu sei nur das eine bemerkt, daß die Ansicht, die Konkursgläubiger würden ungerechtfertigt bereichert, zu allgemein und nicht immer zutreffend ist; z. B. kann die Geschäftsführung einer der in Nr. 4 genannten Personen sehr wohl im Interesse der Verwaltung geboten sein und den Konkursgläubigern gegenüber verbindliche Verpflichtungen auslösen, ohne diese zu bereichern. Gleichwohl ist aber die vorgesehene Erweiterung der Masseschulden zu billigen, weil die Verbindlichkeiten regelmäßig im gemeinschaftlichen Interesse der Konkursgläubiger begründet werden.

---

[1] Er scheint für immer ad acta gelegt zu sein.

III. Die Geltendmachung der Masseschulden.

1. Während des Konkurses.

In der Befriedigung der Masseschuld- und Massekostenansprüche ist kein prinzipieller Unterschied, solange sich die Unzulänglichkeit der Konkursmasse zur Deckung aller Masseansprüche nicht herausgestellt hat (§ 60).

Vom Konkursverwalter anerkannte[1] oder gegen ihn erstrittene Masseschuld- wie Massekostenansprüche sind aus der Konkursmasse „vorweg", d. h. vor den Konkursgläubigern nach Befriedigung der Aussonderungs- und Absonderungsberechtigten und unabhängig vom Gang des Verteilungsverfahrens zu berichtigen (§ 57). Die §§ 12—15 gelten nur für die Konkursgläubiger.

Mit dem im § 57 aufgestellten Grundsatz läßt die Konkursordnung die Massegläubiger weder an den Pflichten noch den Rechten der Konkursgläubiger teilnehmen, so daß sie vollkommen außerhalb des eigentlichen „Konkursverfahrens" stehen und, da sie in der Gläubigerversammlung kein Stimmrecht haben (§§ 95, 173), den Gang desselben nicht beeinflussen.

Sie stehen der Konkursmasse ebenso gegenüber wie Gläubiger eines nicht in Konkurs geratenen Schuldners seinem Vermögen.[2] Daher können sie Naturalerfüllung z. B. Wandlung wegen eines Mangels einer vom Konkursverwalter an sie verkauften Sache verlangen und brauchen Forderungen, die nicht auf einen Geldbetrag gerichtet sind, nicht „nach dem Schätzungswerte in Reichswährung geltend zu machen" (§ 69). Sie sind nicht an die Anmeldefristen (§§ 110, 138 ff.) gebunden, wenn sie auch, um nicht eventuell benachteiligt zu werden (§ 172), dafür Sorge tragen müssen, daß der Konkursverwalter rechtzeitig um ihren Anspruch weiß. Ihre Forderungen unterliegen nicht der konkursmäßigen Prüfung und Feststellung (§§ 141 ff.).[3] Meldet ein Massegläubiger seinen Anspruch an, sei es auch nur eventuell oder irrtümlich, oder wird auf Grund der Anmeldung das Gläubigerrecht in die Tabelle einge-

---

[1] Siehe aber den § 133 Nr. 2 und die §§ 134 ff.

[2] Fitting, S. 179.

[3] KG. vom 1. Juni 1907, LZ. 1907, S. 679.

tragen, oder wird die angemeldete Forderung durch Urteil festgestellt,[1] so verliert der Massegläubiger doch nicht das Recht auf Vorwegbefriedigung, das ihm der § 57 gewährt, ebensowenig wie eine Konkursforderung dadurch, daß sie der Konkursverwalter als Masseanspruch behandelt, den Charakter eines solchen erlangt und den der Konkursforderung abstreift.[2] Nimmt ein Massegläubiger auf Grund einer auch nur eventuellen Anmeldung seiner Forderung die Konkursdividende in Empfang, so ist darin noch kein Verzicht auf seine Rechte als Massegläubiger zu erblicken.[3]

Der Konkursverwalter hat die Pflicht, Masseansprüche zu berichtigen, sobald sie feststehen und fällig sind.

Die schuldhafte Verletzung dieser Obliegenheit macht ihn schadenersatzpflichtig (§ 82 KO., §§ 823 f. BGB).

Allerdings können die Massegläubiger nicht immer vor allen Konkursgläubigern befriedigt werden. Rechtliche und tatsächliche Hindernisse können im Wege stehen, besonders der Umstand, daß auch nach Abschlagsverteilungen (§§ 149 ff.) regelmäßig noch Masseansprüche entstehen. Ergibt sich daher nach einer Abschlagsverteilung die Unzulänglichkeit der Masse zur Befriedigung aller Masseansprüche, so bleiben die an die Konkursgläubiger erfolgten Zahlungen rechtsbeständig.

Nach der Ansicht Lippmanns (a. a. O. S. 237 ff., 247 ff.) sind die Masseansprüche erst bei Beendigung des Verfahrens zu berichtigen und steht den Massegläubigern bis dahin kein Zwangsvollstreckungsrecht zu Gebote. Diese Annahme widerspricht jedoch dem Gesetzesprinzip, daß die Massegläubiger außerhalb des Konkursverfahrens stehen und ohne Rücksicht auf das Verteilungsverfahren ihre Ansprüche verfolgen können,[4] ferner dem Wesen des Konkurses als einem Verfahren zum Zweck gemeinsamer und grundsätzlich gleichmäßiger Befriedigung der Konkursgläubiger (§ 3.)

---

[1] KG. vom 26. Febr. 1909, OLG. 19, S. 214.

[2] RG. vom 8. Juni 1905, J. W. 1905, S. 390.

[3] Jaeger, Anm. 10 zu § 57, S. 652, Petersen-Kleinfeller, Anm. 4 vor § 57, S. 301. Kohler, Lehrbuch, S. 386.

[4] Jaeger, Anm. 10 zu § 57, S. 652, Wolff, S. 253, Petersen-Kleinfeller, Anm. 2 zu § 57, S. 302 und Vorbem. 2 zu § 57, S. 300, von Wilmowski-Kurlbaum, Anm. 3 zu § 57, S. 255.

Zugegeben ist, daß die Verteilung der Masse zur Aufgabe des Konkursverwalters gehört (LIPPMANN, S. 235). Aber bei der Berichtigung der Masseansprüche handelt es sich gar nicht um die Verteilung der Masse im Sinne der Konkursordnung. Zu verteilen ist lediglich die Masse unter die Konkursgläubiger. Diese „Teilungsmasse"[1] wird erst nach Vorwegbefriedigung der Massegläubiger gewonnen.

Der hier (gegen LIPPMANN) vertretene Standpunkt ist allein auch wirtschaftlich gerechtfertigt. Es kann nicht eingesehen werden, warum die Massegläubiger, deren Forderung regelmäßig doch erst im Interesse der Verteilung der Masse unter die Konkursgläubiger begründet werden, bis zur Beendigung des Verfahrens warten sollen.

Die Unbilligkeit, die in der verzögerten Berichtigung der Masseansprüche liegt, glaubt LIPPMANN (Seite 237, Note 157) dadurch zu beheben, daß er die Verzugshaftung des Konkursverwalters anerkennt. Diese Gedankenführung ist jedoch nicht logisch. Denn der Verzug setzt schuldhafte Nichtleistung voraus (§ 285 BGB.). Hat der Verwalter erst bei Beendigung die Pflicht, die Massegläubiger zu befriedigen, so verletzt er durch seine Nichterfüllung während des Verfahrens auch nicht eine Obliegenheit.

Das Recht auf Vorwegbefriedigung haben die Massegläubiger nur grundsätzlich. Es geht ihnen verloren, wenn sie ihre Ansprüche nicht bis zur Festsetzung des Prozentsatzes oder der Beendigung des Schlußtermins oder der Bekanntmachung einer Nachtragsverteilung zur Kenntnis des Verwalters gebracht haben oder wenn er nicht sonstwie von ihrem Bestand weiß. Die nicht rechtzeitig zu seiner Kenntnis gelangten Ansprüche können nicht auf die Masse geltend gemacht werden, die zur Auszahlung des festgesetzten Prozentsatzes erforderlich ist oder den Gegenstand der Schlußverteilung bildet (§ 172).

Gewisse Masseansprüche kann der Konkursverwalter nicht selbständig berichtigen: zu dem Anerkenntnis einer Masseschuld über 300 Mark bedarf er der Genehmigung des Gläubigeraus-

[1] Motive, S. 239.

schusses, und in den Fällen des § 134 der des Gläubigerausschusses oder, wenn ein solcher nicht bestellt ist, der Gläubigerversammlung (beachte § 135).

Verletzt der Konkursverwalter die Vorschriften der §§ 133 bis 135, so macht er sich möglicherweise persönlich schadenersatzpflichtig (§ 82); durch ihre Nichtbeachtung wird aber seine Rechtshandlung Dritten gegenüber nicht beeinflußt (§ 136).

Es wurde schon ausgeführt, daß Absonderungsrecht und Masseanspruch nicht einander entgegengesetzte Begriffe sind. Der Massegläubiger kann vielmehr Absonderungsrechte, und zwar durch Rechtsgeschäft, kraft Gesetzes und durch Pfändung erwerben. Das Recht auf abgesonderte Befriedigung aus einem bestimmten Gegenstand ist für den Massegläubiger in dem Fall von besonderer Wichtigkeit, daß sich die Unzulänglichkeit der Masse zur Berichtigung aller Masseansprüche herausstellt (§ 60).

Der Massegläubiger, der sein Absonderungsrecht geltend macht, ohne daraus ganz befriedigt zu werden, kann seinen Ausfall weiter als Masseanspruch verfolgen. Er braucht sich nicht etwa mit der Konkursdividende zu begnügen. Der § 64 gilt nur für Konkursgläubiger.

Bestritten ist die Frage, ob die Masseansprüche während des Konkursverfahrens gegen das konkursfreie Vermögen des Gemeinschuldners geltend gemacht werden können.

Die Schriftsteller, die den Gemeinschuldner nicht als den Schuldner der Massegläubiger ansehen, lehnen seine Haftung mit dem konkursfreien Vermögen folgerichtig ab (vgl. oben S. 7 ff.). Von den übrigen wird die Frage zum Teil schlechthin verneint,[1] zum Teil schlechthin bejaht,[2] zum Teil eingeschränkt bejaht.[3]

Sie ist bezüglich der Masseansprüche zu bejahen, für die der Gemeinschuldner auch mit seinem konkursfreien Vermögen haftet (vgl. oben S. 9 f.). Denn die §§ 12 und 14 zwingen nur die Konkursgläubiger zur konkursmäßigen Befriedigung, be-

---

[1] von Wilmowski-Kurlbaum, Vorbem. 3 zu § 57, S. 253 f., Fitting, S. 182 u. Note 35 zu § 14.

[2] Wolff, S. 213.

[3] Jaeger, Anm. 3 u. 4 zu § 57, S. 647 f., Willenbücher, Anm. 2 zu § 57, S. 124 f.

rühren aber nicht die Rechte der Massegläubiger, ebensowenig wie der § 57 ihnen nur eine Befriedigungsmöglichkeit eröffnet, der ihnen lediglich ein Vorzugsrecht vor den Konkursgläubigern einräumt und dem Konkursverwalter die Pflicht auferlegt, für ihre Vorwegbefriedigung zu sorgen, ihr Verhältnis zu dem Gemeinschuldner aber nicht betrifft.

Der Auffassung von Wilmowski-Kurlbaums und Fittings, daß die Sonderung der Vermögensmasse des Gemeinschuldners den Zugriff auf das konkursfreie Vermögen ausschließe, kann nicht beigetreten werden, da die Sonderung vornehmlich im Interesse der Konkursgläubiger erfolgt und die Ansprüche der Massegläubiger sich in ihrem Wesen von dem der Konkursforderungen prinzipiell unterscheidet.

Andererseits geht es nicht an, die Masseansprüche unbeschränkt gegen das konkursfreie Vermögen verfolgen zu lassen, da der Gemeinschuldner für die nach der Konkurseröffnung durch eine Handlung des Konkursverwalters entstehenden Masseverbindlichkeiten nur mit der Masse haftet (vgl. oben auf S. 9).[1] Befriedigt aber der Gemeinschuldner einen Masseanspruch, für den er nicht mit seinem konkursfreien Vermögen einzustehen hat, aus diesem, so kann er aus der Masse Ersatz fordern, wenn der Konkursverwalter seine negotiorum gestio genehmigt. Hat er von vornherein Auftrag vom Verwalter, einen Massegläubiger zu befriedigen, so steht ihm ein Masseanspruch auch von vornherein zu (§ 59 Nr. 1).[2]

2. Unter den Voraussetzungen des § 60.

Sobald sich herausstellt, daß die Konkursmasse zur vollständigen Befriedigung aller Massegläubiger nicht ausreicht, wird die Unterscheidung zwischen Masseschuld- und Massekostenansprüchen praktisch. Bis zu diesem Zeitpunkt hat der Konkursverwalter die Masseansprüche je nach ihrer Fälligkeit und, je nachdem er von ihnen Kenntnis erlangt, zu berichtigen. Von da ab aber hat er die Rangfolge des § 60 zu wahren. Verletzt er sie schuldhaft, so macht er sich ersatzpflichtig (§ 82).

---

[1] Siehe auch Lippmann, S. 231.

[2] Vgl. Wolff, S. 213ff.

Die Massegläubiger können jetzt nicht mehr unbekümmert um ihre Mitgläubiger ihre Ansprüche geltend machen. Sie haben nur noch Anspruch auf Befriedigung innerhalb der Rangordnung des § 60. Erhalten sie mehr, als ihnen nach dieser Rangfolge gebührt, so bereichern sie sich ohne rechtlichen Grund auf Kosten ihrer Mitgläubiger, und der Konkursverwalter hat dafür zu sorgen, daß das Zuvielempfangene zur Masse zurückfließt.[1]

Nach § 60 sind die Masseschulden vor den Massekosten zu berichtigen.

Die bevorzugte Stellung der Masseschulden begründen die Motive (S. 249) damit, daß diese fremde Bestandteile seien. Die Netto(=Verteilungs-)masse ergebe sich erst nach ihrer Ausscheidung. Die Massekosten aber ruhten gewissermaßen nur auf der Nettomasse.

Wichtiger als dieser Grund erscheint die Billigkeitserwägung, daß ja die Eröffnung des Konkursverfahrens mangels Masse abgelehnt oder das Verfahren aufgehoben werden kann, wenn die Masseunzulänglichkeit im Sinne des § 60 zu befürchten ist, so daß der Entstehung weiterer Massekosten jederzeit vorzubeugen ist, während der Masseschuldgläubiger dem Verfahren als Dritter (siehe oben S. 43) ferner steht.

Untereinander haben die Masseschuldgläubiger auch nach Eintritt der Krisis im Sinne von dem § 60 im Gegensatz zu den Massekostengläubigern den gleichen Rang, „da keine Art von der anderen den Vorzug verdient“.[2]

Nebenansprüche haben den Rang des Hauptanspruchs Hier sei hervorgehoben, daß ein Massekostenanspruch, bzw. der Nebenanspruch eines solchen dann den Rang eines Masseschuldanspruchs genießt, wenn er aus einer Handlung des Konkursverwalters entstanden ist.

Reicht die Masse auch zur vollständigen Befriedigung aller Masseschuldgläubiger nicht aus, so werden die Ansprüche nach dem Verhältnis ihrer Beträge gekürzt.

---

[1] Jaeger, Anm. 8 zu § 60, S. 670, RG. vom 26. Juni 1905, Bd. 61, S. 262; Wolff, KO., Anm. 1 zu § 60.

[2] Motive, S. 249.

Der § 60 betrifft alle zu dem Zeitpunkt, in dem sich die Unzulänglichkeit der Masse zur Deckung aller Masseansprüche herausstellt, begründeten, auf einen Geldbetrag gerichteten Masseansprüche mit Ausnahme der durch ein Absonderungsrecht gesicherten. Soweit die absonderungsberechtigten Massegläubiger bei der Geltendmachung ihres Absonderungsrechts aber ausfallen, sind auch sie der Rangfolge des § 60 unterworfen.

Der § 60 betrifft aber nur die zu diesem Zeitpunkt begründeten, nicht auch die künftig erst entstehenden Masseansprüche,[1] wenn man auch infolge der unterschiedslosen Fassung des Gesetzes darüber im Zweifel sein kann. Allein zur Übersicht über die Vermögenslage zur Zeit der Krisis können nur die bereits begründeten Ansprüche dienen, so daß auf sie „derselben" (in dem § 60) zu beziehen sein dürfte.

Die Ansprüche, die nach diesem kritischen Zeitpunkt entstehen, sind voll zu berichtigen.

Diesen Standpunkt rechtfertigt besonders die Erwägung, daß die nach dem Zeitpunkt, in dem sich die „Masseunzulänglichkeit ergeben hat, entstehenden Ansprüche fast ausschließlich im Interesse der Abwicklung des Verfahrens des § 60 begründet werden.

Der von Wolff[1] angeführte Grund, die zur Zeit der „Masseunzulänglichkeit" vorhandenen Massegläubiger würden auf Kosten der später dazukommenden rechtlos bereichert, falls deren Ansprüche gekürzt würden, schlägt dagegen nicht durch. Daß jene auf Kosten dieser bereichert würden, ist wohl richtig, aber ob ohne rechtlichen Grund, das ist die Frage.

Der § 60 umfaßt nur die auf einen Geldbetrag gerichteten Masseansprüche, andere läßt er unberührt. Denn nur bei ihnen ist eine verhältnismäßige Befriedigung möglich. Eine dem § 69 entsprechende Bestimmung oder ein Hinweis auf ihn fehlt aber im 7. Titel der Konkursordnung, wonach ein nicht auf einen Geldbetrag gehender Anspruch in Geld umzuwerten wäre.[2]

Die Stellung der Massegläubiger zu dem Gemeinschuldner wird durch den § 60 ebensowenig wie durch den § 57 (oben S. 46)

---

[1] Gegen Jaeger, Anm. 3 zu § 60, S. 668; im Ergebnis mit Wolff, KO., Anm. 3 zu § 60, S. 230.

[2] Gegen Hellmann, S. 203.

beeinflußt. Nach wie vor können sie ihre Ansprüche in sein konkursfreies Vermögen verfolgen, soweit er unbeschränkt persönlich haftet.

Die verhältnismäßige Befriedigung in der Rangordnung des § 60 tritt ein, sobald sich herausstellt, daß die Konkursmasse zur Vollbefriedigung aller Massegläubiger nicht ausreicht.

Ausschlaggebend ist nicht der Zeitpunkt, in dem die Aktiven unter die Passiven sinken. Was ein Massegläubiger nach diesem Zeitpunkt, aber bevor sich die „Masseunzulänglichkeit" herausgestellt hat, aus der Masse erlangt, bleibt ihm endgültig, falls sein Anspruch an sich zurecht besteht.

Andererseits erfolgt die rangmäßige Befriedigung nicht erst, wenn die „Masseunzulänglichkeit" förmlich festgestellt ist.

Über die Festlegung dieses Zeitpunktes herrscht in der Literatur große Meinungsverschiedenheit:

Die Motive lassen die Frage, wer den Zeitpunkt zu ermitteln hat, offen.

Nach von Sarwey-Bossert (Anm. 4 zu § 60, S. 281f.) und Fitting (§ 14, Note 30, S. 181) hat ihn das Konkursgericht,

nach von Völdendorff (S. 613) der Konkursverwalter, im Streitfall das Konkursgericht,

nach Petersen-Kleinfeller (Anm. 3 zu § 60, S. 312), von Wilmowski-Kurlbaum (Anm. 2 zu § 60, S. 262) und Willenbücher (Anm. 2 zu § 60, S. 130) der Konkursverwalter, im Streitfall das Prozeßgericht,

nach Wolff (KO., Anm. 4 zu § 60, S. 231 f.) die Massegläubigergesamtheit, im Streitfall das Prozeßgericht in Einzelprozessen der Massegläubiger festzustellen.

Keiner dieser Ansichten kann beigepflichtet werden. Denn auch nach Eintritt der Masseunzulänglichkeit zur Befriedigung aller Massegläubiger bleiben diese außerhalb des Konkursverfahrens, und es gehören daher Streitigkeiten derselben untereinander oder des Konkursverwalters gegen sie nicht zur Zuständigkeit des Konkursgerichts.[1]

Ebensowenig kann das Prozeßgericht mit Wirksamkeit für und gegen alle Beteiligten den Zeitpunkt bestimmen, da die

---

[1] OLG., Celle vom 26. April 1911, LZ. 1911, Seite 475f.

Feststellung des Eintritts der „Masseunzulänglichkeit“ als Feststellung einer Tatsache nicht rechtskräftig wird (§ 322 ZPO.).[1]

Wollte man mit Wolff auf eine förmliche Festlegung des Zeitpunkts durch Beschluß der Massegläubigerschaft warten, so würde der Zweck des § 60, den Ausfall der Billigkeit entsprechend zu verteilen, ungerechtfertigterweise hinausgeschoben. Die ratio legis wird am besten dadurch erreicht, und diese Auffassung wird durch die Gesetzesfassung unterstützt, daß man die Feststellung dem Konkursverwalter überläßt, der die kritische Lage regelmäßig zuerst erkennt.

Wann der Zeitpunkt im einzelnen Fall als vorliegend anzusehen ist, ist Tatfrage. Allgemeine Regeln über ihn zu geben, ist nicht möglich.[2]

Wird der vom Konkursverwalter konstatierte Zeitpunkt der „Masseunzulänglichkeit“ bestritten, und beansprucht deshalb ein Massegläubiger mehr, als er nach der Rangfolge des § 60 zu fordern hat, so hat der Konkursverwalter die „Masseunzulänglichkeit“ im Prozeß mit dem sie bestreitenden Gläubiger, in dem er sie einredeweise vorbringt, zu beweisen. Dann erst kommt das Prozeßgericht zum Spruch.

3. Nach Beendigung des Konkursverfahrens.

Nach Beendigung des Konkursverfahrens können diejenigen Massegläubiger, die während des Verfahrens nicht oder nicht gehörig befriedigt oder sichergestellt (§§ 191 Abs. I, 205 Abs. II) worden sind, sich an den früheren Gemeinschuldner unbeschränkt halten, wenn er auch mit seinem konkursfreien Vermögen für ihre Ansprüche haftet, andernfalls nur in Höhe der ihm ausgelieferten Konkursmasse.[3]

Diese Auffassung ist in der Literatur bestritten. Der Widerstreit erklärt sich durch die Meinungsverschiedenheit der Schriftsteller über den Schuldner der Massegläubiger.

Kohler (Lehrbuch, S. 384, 387; Leitfaden, S. 204ff.), von Völderndorff (S. 592), Seuffert (S. 240), Hellmann (S. 195ff.)

---

[1] Jaeger, Anm. 6 zu § 60, S. 669.

[2] Motive, S. 249.

[3] Jaeger, Anm. 5 zu § 57, S. 649f.

verneinen, Petersen-Kleinfeller (Anm. 2 vor § 57, S. 300), von Wilmowski-Kurlbaum (Anm. 2 vor § 57, S. 253), Stieglitz (Vorbem. zu § 50 [a. F.], S. 350f.), Fitting (S. 183 und Note 36 zu § 14, S. 183), die Protokolle (S. 109) bejahen die Möglichkeit der Befriedigung nach der Konkursbeendigung. Vergleiche dazu die Ausführungen oben auf Seite 7ff.

Nicht berichtigte Masseansprüche des Gemeinschuldners (z. B. aus dem § 59 Nr. 1) gehen bei der Konkursbeendigung durch Vermischung der Vermögensmassen in der Hand derselben Person (per confusionem) unter.

Einen Rechtsstreit, der zur Zeit der Einstellung oder Aufhebung des Konkursverfahrens über eine Masseschuld anhängig ist, kann der Gemeinschuldner selber weiter betreiben, da er das Recht zurückerhält, über die Konkursmasse frei zu verfügen (§§ 192, 206 KO.), ohne daß das Verfahren unterbrochen wird. Eine Ausnahme gilt nur dann, wenn der streitbefangene Anspruch einer Nachtragsverteilung vorbehalten wird. Für sie bleibt der Konkursverwalter vertretungsbefugt (§ 166).

Der Zwangsvergleich hat auf die Befriedigung der Massegläubiger keinen Einfluß, da er nur für und gegen alle nicht bevorrechtigten Konkursgläubiger wirkt (§ 193). Der Konkursverwalter hat die Masseansprüche ungekürzt zu berichtigen und bestrittene sicherzustellen, sobald der Vergleich rechtskräftig bestätigt ist (§ 191 mit § 57).

FSC
www.fsc.org
MIX
Papier | Fördert gute Waldnutzung
FSC® C083411

Kolibri 360 GmbH
Ferdinand-Jühlke-Straße 7
99095 Erfurt, Deutschland
produktsicherheit@kolibri360.de